一读就懂的

盐铁论

【西汉】桓宽◎著

高杉峻◎编

台海出版社

图书在版编目（CIP）数据

一读就懂的盐铁论 /（西汉）桓宽著 ; 高杉峻编 .
北京 : 台海出版社 , 2024. 9. -- ISBN 978-7-5168-3986-7

Ⅰ . F092.2

中国国家版本馆 CIP 数据核字第 20240SL327 号

一读就懂的盐铁论

著　者：【西汉】桓宽　　　　　编　者：高杉峻

责任编辑：魏　敏
封面设计：天下书装

出版发行：台海出版社
社　　址：北京市东城区景山东街 20 号　　邮政编码：100009
电　　话：010-64041652（发行，邮购）
传　　真：010-84045799（总编室）
网　　址：www.taimeng.org.cn/thcbs/default.htm
E - mail：thcbs@126.com

经　　销：全国各地新华书店
印　　刷：凯德印刷（天津）有限公司
本书如有破损、缺页、装订错误，请与本社联系调换

开　　本：710 毫米 × 1000 毫米　　1/16
字　　数：170 千字　　　　　　　印　张：11.5
版　　次：2024 年 9 月第 1 版　　印　次：2024 年 11 月第 1 次印刷
书　　号：ISBN 978-7-5168-3986-7

定　　价：68.00 元

前言

汉昭帝始元六年（公元前 81 年），在汉朝大司马、大将军霍光的主导下，召开了一次关于盐铁政策的会议。会上，文学、贤良等儒生一方与御史大夫桑弘羊等官员一方展开了激烈的辩论。这场辩论与当时社会现实密切相关，涉及与匈奴的关系、儒学价值、贫富不均、官吏贪腐、国家安全等一系列重要的议题。而这些议题的辩论，也反映出当时社会的思想多元性和复杂性。

这次会议的背景可以追溯到汉武帝时期。汉武帝为了支持长期的对外战争和中央集权，实施了一系列的经济政策，包括盐铁官营、酒类专卖、均输、平准等。这些政策在一定程度上增加了国家的财政收入，但也给人民的生活带来了沉重的负担。到了晚年，汉武帝开始反思这些政策，并在《轮台诏》中表达了对民生的关怀。汉昭帝时期，霍光继承了汉武帝晚年的思想，采取轻徭薄赋、与民休息的政策。盐铁官营等政策引起了学术界、政治界和民间的广泛争议。

桓宽是西汉时期著名的学者和政治家，在汉宣帝时期担任郎官，后来升任庐江太守丞，以博学多才、擅长文章著称。桓宽编撰《盐铁论》，正是为了记录这场会议，为后世提供借鉴，"欲以究治乱，成一家之法"。

《盐铁论》一书具有较高的史料价值和文学价值，于 2020 年入选第六批《国家珍贵古籍名录》。从历史价值角度来看，《盐铁论》是研究西汉时期盐铁等政策的重要史料，书中的种种主张，不仅对研究西汉历史，而且对研究中国古代的经济和政治思想都有重要的参考价值。从文学价值来看，《盐铁论》

行文风格独特，既有骈偶文特征，又有散文的气势，是一部优秀的散文集。此外，它的价值更在于它所展现的理性和批判精神。

《盐铁论》一书共十卷六十篇，每篇都以对话的形式展开，使得论述更加生动、具体，具有较强的说服力。本书对《盐铁论》进行了精编精选，并辅以相关历史文化知识解读和辩论剖析评述，力图带领读者回到西汉时代，回到那个辩论场，以更好地理解西汉时期的社会状况，习得如何在复杂的社会环境中坚持理性和批判精神，以及如何用辩证的眼光来看待社会的发展。

《盐铁论》的校勘、注译、释读是一个复杂的工程，需要对古代文献有深入的理解和深厚的学养。本书在注译过程中，参考了众多前人的研究成果，在此一并致谢。因编者水平所限，可能存在纰漏和不足之处，敬请读者批评指正。

目录

导民以德，则民归厚；
示民以利，则民俗薄

本议

论题解读：

　　《本议》是全书中纲领性的篇章。辩论双方都旗帜鲜明地提出各自的观点以及基本论据。文学认为，盐铁官营等相关经济举措与民争利，败坏社会风气。大夫指出，盐铁官营是为解决征讨匈奴费用而采取的经济政策。双方你来我往，各执一词。文学看到了政策实施带来的弊端，垄断导致物价飞涨，奢靡之风横行。大夫则强调政策的经济效益对国防的重要性。

　　惟始元六年①，有诏书使丞相、御史②与所举贤良、文学语。问民间所疾苦。

【注释】

　　① 始元六年：公元前81年。始元为汉昭帝年号，公元前86年—公元前80年。
　　② 丞相：此时汉丞相为田千秋。御史：这里指御史大夫桑弘羊。

【译文】

　　汉昭帝始元六年，皇上颁发诏令，命丞相田千秋、御史大夫桑弘羊和朝廷察举选出来的贤良、文学在这次盐铁会议上谈论国策，体察民间疾苦并寻找应对良策。

与民争利PK还利于民

　　文学对曰："窃闻治人之道，防淫佚之原[1]，广道德之端，抑末利[2] 而开仁义，毋示以利，然后教化可兴，而风俗可移也。今郡国有盐、铁、酒榷、均输，与民争利。散敦厚之朴，成贪鄙之化。是以百姓就本者寡，趋末者众。夫文繁则质衰，末盛则本亏。末修则民淫，本修则民悫[3]。民悫则财用足，民侈则饥寒生。愿罢盐、铁、酒榷、均输，所以进本退末，广利农业，便也。"

【注释】

① 淫佚：放浪，放纵享乐。佚，通"逸"，淫逸。原：同"源"，开源，源头。

②抑末利：抑制工商业利益。儒家以农业为社会根本，以工商业为社会末事。
③民悫（què）：民风淳朴。

【译文】

　　文学说："我私下听说过治民之法：堵住骄奢淫逸的开始，开拓道德的发端，抑制工商末利的发展且广开仁义道路，不将金钱利益展现给民众，这样好的道德风气才可以兴盛，风俗才可以改变。现下各郡县和诸侯国都施行盐铁官营、酒类专卖和均输官署等政策，与老百姓争夺利益。这样做会破坏老百姓朴实忠厚的天性，形成贪婪卑劣的社会风气。因此，老百姓中从事耕作的人会减少，追逐末利、从事商业的人会增加。外在形式繁华必然会导致内在本质衰弱，追逐金钱行为的流行就会使国家农业受到损害。工商末利被过度追逐会带来民间奢侈、拜金的不好风气，农业耕种被重视就会使民间风气变得诚实淳朴。民风淳朴会让民间资产丰足，民风奢侈则会让民间出现受饥挨冻的事情。我们只希望废除盐铁官营、酒类专卖和均输官署等制度，这是推行农业根本、抑制工商末利进一步发展的好方法，这对推行和大力发展农业也是非常好的。"

历史回眸：汉初各项政策

　　鉴于东周诸侯叛乱、秦朝郡县暴动的经验教训，汉高祖决定施行郡国并行制。

　　汉初，在无为而治政策的影响下，盐铁商人积累了大量财富。迫于财政压力的汉武帝在大臣的建议下推行盐、铁和酒的垄断政策。元狩四年（公元前 119 年），实行盐铁官营制度；天汉三年（公元前 98 年），实行酒业官营。

元鼎二年（公元前 115 年），汉朝实行均输法，在全国各地设置均输官员，由朝廷掌管民间物资的收购、运输事务，并调剂有无、平抑物价，防止私人获取暴利。

大夫①曰："匈奴背叛不臣，数为寇暴于边鄙，备之则劳中国之士，不备则侵盗不止。先帝②哀边人之久患，苦为虏所系获也，故修障塞，饬烽燧③，屯戍以备之。边用度不足，故兴盐、铁，设酒榷，置均输，蓄货长财，以佐助边费。今议者欲罢之，内空府库之藏，外乏执备之用，使备塞乘城之士饥寒于边，将何以赡之？罢之，不便也。"

【注释】

① 大夫：指御史大夫桑弘羊。

② 先帝：指汉武帝，后同。

③ 饬：调整修葺。烽燧（suì）：烽火燧烟。

【译文】

大夫说："匈奴背叛汉朝，不臣服，多次侵袭我们的边境。防备他们会劳累中原的将士；不防备，匈奴则会对我们侵盗不止。先帝哀怜边境人民长期遭受匈奴的祸害，身受被俘之苦，因此修葺边境要塞，重整烽火，积蓄兵力来防备敌人。边境用度不够，朝廷因此设置盐铁官营，设立酒类专卖，设置均输等政策，增长财货，以提供边防费用。如今文学想废除这些国策，对内将使得国库空虚，对外会使得守备用度不够，使得守备边塞的将士在边境忍饥挨饿，朝廷拿什么来养好军队呢？废除这些政策，实在是不行。"

文学认为，盐铁官营等政策会损害百姓利益，且助长社会追逐末利的不良风气，理应废止。简而言之，文学推崇用董仲舒的"新儒家"思想治理社会却又不完全依照其思想，在政治经济方面，他们更维护自由经济政策和地方的权益。而大夫指出，盐铁官营始于汉武帝，是一项有利于民、有利于边防的经济政策，本质上是阐明汉武帝施行盐铁官营、酒类专卖及均输、平准、统一铸币等一系列重大财经政策，有利于经济上的中央集权，为国家打击匈奴、掌控商业提供便利。因此，他们主张不废除。

只凭仁心，难御强敌

文学曰："孔子曰：'有国有家者，不患贫而患不均，不患寡而患不安。'故天子不言多少，诸侯不言利害，大夫不言得丧。畜仁义以风之①，广德行以怀之。是以近者亲附而远者悦服。故善克者不战，善战者不师，善师者不阵。修之于庙堂②，而折冲还师。王者行仁政，无敌于天下，恶用费哉？"

【注释】

① 畜：通"蓄"，蓄积之意。风：教育。

② 修：修明政治。庙堂：本指宗庙，这里指朝堂。

文学说："孔子说：'有封国的诸侯和有封邑的卿大夫，不害怕人民贫困却害怕分配不均，不害怕人口少却害怕朝政不稳。'因此，天子不讲财富多少，诸侯不讲利益损害，士大夫不言得失。都用仁义来教化百姓，用推广德行来进行安抚。以此使得离得近的亲附、离得远的心悦诚服。因此，善于克敌制胜者用不着打仗，善于打仗的人不亲自带兵，善于领军的人不用阵法。只需要朝廷修明政治，就自然可以击败敌人。王者施行仁政，则天下无敌，还要用什么费用？"

大夫曰："匈奴桀黠^①，擅恣入塞，犯厉中国，杀伐郡、县、朔方都尉，甚悖逆不轨，宜诛讨之日久矣。陛下垂大惠，哀元元之未赡，不忍暴士大夫于原野；纵难被坚执锐^②，有北面复匈奴之志，又欲罢盐、铁、均输，扰边用，损武略，无忧边之心，于其义未便也。"

【注释】

① 桀黠（xiá）：凶残狡猾。

② 纵难：既不能。难，原作"然"。被坚执锐："被"通"披"，身着铠甲，手握利器。

【译文】

大夫说："匈奴奸险狡诈，在边塞地区恣意妄为，侵犯中原，杀害我们的郡县长官、朔方都尉，甚至悖逆不轨，我们早就该出兵诛讨他们。陛下施予恩惠，既可怜百姓生活困苦，又不忍心士大夫曝尸荒野；既然你们这些人无法披坚戴甲，不能手执锐利的武器，没有北上报复匈奴的壮志，又想要废除盐铁官营和均输，破坏边防军费的供应，严重损害国家的战争策略，没有一点儿担忧边境的心，从道义上讲是不妥当的。"

　　文学坚持废除盐铁官营等制度。对于大夫提出的巩固国防的论点，他们摆出圣人用教化德行服人而不大兴战争的道理进行驳斥。大夫则严厉批评读书人所谓的道德教化对凶狠的敌人没有威慑，所以他们废除盐铁官营制度的观点会给边境招来祸患。表面上，双方在谈论防备匈奴是否有必要，实际上，双方争论的焦点依然是经济政策。

　　文学曰："古者，贵以德而贱用兵。孔子曰：'远人不服，则修文德以来之。既来之，则安之。'今废道德而任兵革，兴师而伐之，屯戍而备之，暴兵露师，以支久长，转输粮食无已，使边境之士饥寒于外，百姓劳苦于内。立盐、铁，始张利官①以给之，非长策也。故以罢之为便也。"

【注释】

　　① 张利官：设置牟利官吏。此处，文学批判盐官、铁官、均输官等是为朝廷牟利的官员。

【译文】

　　文学说："古时候，看重用道德感化世人，而轻视用武力征服对手。孔子说：'远方的人民如果不服，就修治文德教化，使远方民众自动前来归附。对已经来朝归附的，那就要安抚他们。'当今废除道德感化而使用武力，辛苦军队去攻打他们，屯田驻扎军队而防备他们，长期陈兵于边境，无休止地向前线运输粮食，让边境的将士忍饥挨饿，百姓在国内辛劳受苦。实行盐铁官营，设置掌管财利的官吏来提供边防费用，不是长久的策略啊。所以还是废除为好。"

大夫曰："古之立国家者，开本末之途，通有无之用，市朝以一其求，致士民，聚万货，农商工师各得所欲，交易而退。易曰：'通其变，使民不倦①。'故工不出，则农用乏②；商不出，则宝货绝。农用乏，则谷不殖；宝货绝，则财用匮。故盐、铁、均输，所以通委财而调缓急。罢之，不便也。"

【注释】

① 通其变，使民不倦：见于《周易·系辞下》。通其变，会通变化。倦，厌倦。
② 乏：原作"乖"，据卢文弨说校改。

【译文】

大夫说："古时候建立一个国家，要开辟发展农业和工商业的途径，让各地互通物产，朝廷设立集市，统一解决百姓不同的需求，招来士人和平民，聚齐各种商品，农夫、商贾、工匠、军人各得所求，商品交易后各回各家。《周易·系辞下》说：'会通变化，才能让百姓不生厌倦。'因此工匠不事生产，会导致农业用具不够；商人不开店，会导致商品断绝。农具缺乏，粮食无法增产；商品断绝，政府的财用会不够。因此，盐铁官营、均输等政策，是用来沟通交流积压的货物、调剂缓急的手段。废除它们，是很不妥当的。"

【论辩剖析】

大夫提出盐铁官营等政策是巩固边防，于是文学就以现实为依据，谈边防军民长期备战的困境，并得出结论：这样下去绝非长久之计。大夫避开其锋芒，转而讨论这些政策在国家调配物资方面的优势。辩论双方一递一句，说得有理有据。

"农民与商人"一个都不能少

文学曰："夫导民以德，则民归厚；示民以利，则民俗薄。俗薄则背义而趋利，趋利则百姓交于道而接于市。老子曰：'贫国若有余①。'非多财也，嗜欲众而民躁也②。是以王者崇本退末，以礼义防民欲，实菽粟货财。市商不通无用之物，工不作无用之器。故商所以通郁滞，工所以备器械，非治国之本务也。"

【注释】

① 贫国若有余：今本《老子》中没有此语。若有余，似乎财富有余。

② 嗜欲众：欲望众多。民躁：民众浮躁。

【译文】

文学说："用道德指引百姓，那民风就会回归淳朴；以利益诱导民众，民俗就会变得鄙薄。民间风俗鄙薄，民众就会背弃道义去争名逐利；如果忙着追逐利益，那么百姓就只会奔忙于道路、集市上。老子说：'有时贫穷的国家却显得财富有余。'其实并非因为贫穷国家坐拥多少财物，而是百姓欲望众多、心气浮躁，忙着逐利罢了。所以，贤明君主重农抑商，用礼义来克制民众的欲望，充实国家的粮食、货物。集市上，商人不卖不实用的货物，工匠不制造多余的工具。所以，商人交换积压的货物，工匠可以准备器械，工商并非治国的根本要务啊。"

大夫曰："管子云：'国有沃野之饶而民不足于食者，器械不备也。有山海之货而民不足于财者，商工不备也。'陇、蜀之丹漆旄羽①，荆、扬之皮革骨象，江南之柟②梓竹箭，燕、齐之鱼盐旃裘③，兖、豫之漆丝絺纻④，养生送终之具也，待商而通，待工而成。故圣人作为舟楫之用，以通川谷，服牛驾马，以达陵陆；致远穷深，所以交庶物而便百姓。是以先帝建铁官以赡农用，开均输以足民财；盐、铁、均输，万民所载仰而取给者，罢之，不便也。"

【注释】

①陇：汉朝陇西郡，在今甘肃一带。蜀：汉朝蜀郡，在今四川一带。丹：朱砂。漆：油漆。旄（máo）：牦牛尾。羽：鸟羽。

②柟（nán）：同"楠"，楠树，一种珍贵的木材。梓（zǐ）：梓树。箭：箭竹，可用来制作箭杆。

③燕：先秦诸侯国名，在今河北北部一带。齐：先秦诸侯国名，在今山东北部一带。旃（zhān）：通"毡"，毡子。裘：皮袄。

④兖（yǎn）：兖州，上古九州之一，在今山东西南部和河南东部一带。豫：豫州，上古九州之一，在今河南一带。绤（chī）：细葛布。纻（zhù）：纻麻织成的布。

【译文】

大夫说："管子曾说过：'国家土地肥沃，但百姓吃不饱饭，根本原因是农具不完备。国家有山林河海出产的各种货物，但百姓手里没有钱财，根本原因是商业和工匠不完备。'陇西郡、蜀郡出产的朱砂、油漆、旄牛尾、鸟羽，荆州、扬州出产的皮革、兽骨、象牙，江南种植的楠木、梓木、竹子、箭竹，燕、齐盛产的鱼、盐、毛毡、皮袄，兖州、豫州出产的油漆、丝绸、细葛布、纻麻布，这些都是养活生者、埋葬死者的必需品，要依靠商人来流通交换，依靠工匠制成器物。所以上古圣人制作舟船和船桨，以行驶于大川河谷之上，他们驾驭牛马，抵达丘陵平原之处；到达远方，穷尽深处，来交换商品，从而便利百姓。所以，先帝设立盐铁官员，方便满足农业生产需求；开创均输制度，来满足民众对财物的需求。盐铁官营和均输等政策，被万民依赖，是百姓取得给养的重要来源。废除这些政策，是不妥当的。"

历史回眸：管子

管子即管仲，齐国颍上（今安徽颍上）人，春秋前期齐国国相，杰出的政治家，辅佐齐桓公称霸。成语"管鲍之交"出自他和鲍叔牙的友情故事。管仲少年丧父，生活清贫，和鲍叔牙合伙做生意。管仲多拿生意分红，鲍叔牙只是大度地表示理解他生活困苦才这么做。后来，鲍叔牙向齐桓公推荐管仲代替自己，管仲辅佐齐桓公成就了霸业。管仲晚年曾经感慨："生我者父母，知我者鲍子也！"可见二人友谊之深。

文学曰："国有沃野之饶而民不足于食者，工商盛而本业荒也；有山海之货而民不足于财者，不务民用而淫巧众也。故川源不能实漏卮①，山海不能赡溪壑。是以盘庚萃居②，舜藏黄金，高帝禁商贾不得仕宦，所以遏贪鄙之俗，而醇至诚之风也。排困市井，防塞利门，而民犹为非也，况上之为利乎？《传》曰：'诸侯好利则大夫鄙，大夫鄙则士贪，士贪则庶人盗。'是开利孔为民罪梯也。"

【注释】

① 漏卮（zhī）：漏酒杯。
② 盘庚萃（cuì）居：盘庚聚众而居。盘庚，第二十代商王，由奄迁殷。

【译文】

文学说："国家坐拥富饶的土地，但百姓吃不饱，这是工商业发达而农业荒废的缘故；国家有山林大海出产的种种特产，但百姓依然贫穷，这是不好好生产人们的必需品，却制造过多的奢侈品的缘故。因此，大河之水也无法装满会漏的酒器，山海货物也无法填满深沟峡谷。正因如此，盘庚居住茅屋，舜把黄金藏起来，高祖刘邦严禁商人为官，就是为了遏制不好的习俗，培养人们质朴的风气。抑制商人发展，堵塞求利门路，尚且还有人做坏事，更何况朝廷带头谋求利益呢？《公羊传》里说：'如果诸侯追求利益，大夫就会心生卑鄙；如果大夫变得卑鄙，士族就会开始贪钱；如果士族贪钱，百姓就会开始盗窃。'这就是打开求利的大门，给民众搭上违法的阶梯。"

大夫曰："往者，郡国诸侯各以其方物贡输，往来烦杂，物多苦恶，或不偿其费。故郡国置输官以相给运，而便远方之贡，故曰均输。开委府于京师，以笼货物。贱即买，贵则卖。是以县官不失实，商贾无所贸利，故曰平准①。平准则民不失职，均输则民齐劳逸。故平准、均输，所以平万物而便百姓，非开利孔而为民罪梯者也。"

【注释】

① 平准：平衡物价。汉朝实施平准政策，朝廷设置平准官，货物市价太低就买进，市价太高就抛出存货以平抑市价，商人不得牟取暴利。

【译文】

大夫说："从前，各郡和诸侯国将自己封地内的特产上贡君主，来往费事又困难，货物大多也是粗制滥造，有些货物的价值都不够支付运费。所以，各郡和诸侯国都设置均输官，来实现货物运输，便于往远处输送贡物，所以叫均输。并在京城建好仓库，方便收购和储存货物，物价低就买进，物价高就卖出。因此，官府手里把控着实物，商人不敢牟取暴利，所以叫作平准。实行平准，百姓各自专注自己的事业；实行均输，百姓就能均衡劳逸。因此，平准、均输等政策就是为平抑物价而便利百姓，绝非打开求利的大门，为民众搭上犯罪的阶梯。"

文学曰："古者之赋税于民也，因其所工，不求所拙。农人纳其获，女工效其功。今释其所有，责其所无。百姓贱卖货物，以便上求。间者，郡国或令民作布絮，吏恣留难，与之为市。吏之所入，非独齐、阿之缣①，蜀、汉之布也，亦民间之所为耳。行奸卖平，农民重苦②，女工再税，未见输之均也。县官猥发，阖③门擅市，则万物并收。万物并收，则物腾跃。腾跃，则商贾侔利。自市，则吏容奸。豪吏富商积货储物以待其急，轻贾奸吏收贱以取贵，未见准之平也。盖古之均输，所以齐劳逸而便贡输，非以为利而贾万物也。"

【注释】

①阿：今山东东阿。原作"陶"，据洪颐煊说校改。齐、阿等地盛产丝绸。缣（jiān）：细绢。

②重（chóng）苦：遭受双重痛苦。

③阖（hé）门擅市：关闭城门，垄断市场。

【译文】

文学说："古时官府向民众征税，是征收他们擅长生产的产品，不强行征收当地不生产的产品。因此，农民上贡农产品，妇女上贡纺织品。而现在，我们不要他们生产的东西，却征收他们产不出的产品。百姓只能贱价卖出自己家的产品，交换回来朝廷要征收的货物，来满足上贡的要求。最近，有些地区征收布匹，官吏随意刁难百姓，强行与他们做交易。官吏所征收的东西，不仅有齐、阿地区的细绢，有蜀、汉产出的麻布，还有民间产出的其他产品。官员采用欺诈手段，低价收购，让百姓愁苦加倍，再对女工征税，我们看不到所谓的均输能均衡在哪里。官府乱发号施令，禁闭城门，自己垄断整个市场，什么都要收购，导致物价飞涨。物价飞涨之后，商人开始牟取暴利，官吏纷纷自己做生意，还和奸商互相勾结，豪吏、富商等群体乘机囤积商品，等市场缺货后再高价出售。这些奸商污吏，低价购进再高价卖出，我们也看不到所谓的平准能平在哪里。古代的均输是为了调节劳逸，便于上贡物品的运输，绝非为牟取巨额利益而倒卖一切货物。"

【论辩剖析】

文学摆出老子的观点"贫穷的国家似乎财富有余"，来诠释自己的看法：根本不需要多么发达的商业、运输业，国家只需教化民众回归淳朴，减少物欲。而大夫则指出西汉王朝地大物博，没有商业运输，民众无法满足生活需求。双方对社会形态的理解在本质上就差别很大，盐铁会议上的争辩在所难免。

之后，文学针对大夫"地大物博，需要商业运输"的观点，阐述他们认为的理想社会：民众回归淳朴，不重物欲，官员以身作则而不是主动参与牟利。大夫继续阐述自己的观点，他们认为社会离不开商业运输，与其放任商人搅动市场，不如由朝廷把控商业，避免商贩为利益哄抬价格。辩论至此处，大夫的观点是较为顺应局势发展的。但文学接下来的阐述也值得我们深思。他们指出，运输均衡政策在实施过程中，出现强征纳税、欺诈百姓等现实问题，并没有真正惠及百姓。

疏

　　《本议》是《盐铁论》全书首章，整理者桓宽开篇以简洁的语言点出辩论发生的时间、地点，并指出参与辩论双方的身份，引出全书的"对话体"会议内容。

　　想要读懂本章，我们首先要对辩论发生的历史背景有大概的了解。汉武帝时期，朝廷为掌握民间经济命脉，实施了盐铁官营、酒类专卖及均输、平准、统一铸币等一系列的重大财经政策。这些政策在加强经济中央集权、抗击匈奴等方面卓有成效，但同时也损害了农业、工商业的利益。政策在执行的过程中，甚至被扭曲到朝廷与民争利的程度。到了汉昭帝时期，民间对这些政策颇有抱怨。在这样的社会大争论背景下，大夫与文学为解决时弊的"唇枪舌剑"开启了。

　　我们可以把《本议》看作"目的导向"和"过程导向"间的争论。贤良、文学多来自民间，更能体会民间疾苦，他们注重政策的实施"过程"，最能体察政策是否惠及百姓，因此他们的观点中有很多值得关注的现实考量。而以桑弘羊为首的政府官员组成的大夫队伍，则更能从国家层面考量盐铁官营、酒类专卖等政策在维护国家稳定、对抗匈奴等军国大事上的作用，换言之，他们更注重"目的"。

治家非一宝，富国非一道

力耕

论题解读：

力耕即农耕，对于农耕在国家经济中的作用与重要性，大夫与文学站在各自的角度展开激烈争辩。大夫强调"贤圣治家非一宝，富国非一道"和"富国何必用本农，足民何必井田也"。这是从实施相关政策，可以对外从他国敛财以对抗匈奴，对内制衡诸侯力量、助力民间经济等角度展开论述的。而文学则批评以上做法是舍本逐末，丢了农业的根本。他们的结论是："理民之道，在于节用尚本，分土井田而已。"

重农和重均输，不可偏颇

大夫曰："王者塞天财[1]，禁关市，执准守时，以轻重御民。丰年岁登，则储积以备乏绝；凶年恶岁，则行币物；流有余而调不足也。昔禹水汤旱，百姓匮乏，或相假以接衣食。禹以历山之金，汤以庄山之铜，铸币以赎[2]其民，而天下称仁。往者财用不足，战士或不得禄，而山东被灾，齐、赵大饥，赖均输之畜③，仓廪之积，战士以奉，饥民以赈。故均输之物，府库之财，非所以贾万民而专奉兵师之用，亦所以赈困乏而备水旱之灾也。"

【注释】

① 塞：掌控。天财：自然资源。

② 赎：原作"赠"，赠给。据杨树达、王利器说校改。

③ 畜：通"蓄"，储蓄。

【译文】

大夫说："君主掌握天下财富，严加管控关卡和市场，掌控物价标准，抓住贸易时机，调整物资供求和价格高低以管制百姓。在丰收年岁，朝廷储存物资来防备饥荒；在饥荒年岁，就发行货币和财物。这样做是为了调配多余的，补充不够的。以前夏禹遇上大水，商汤遇上大旱，百姓生活陷入困境，需要靠借贷来接济衣食。于是夏禹开采历山金矿，商汤开采庄山铜矿，铸造货币来赎回民众因饥荒而卖掉的儿女，天下人都称赞他们是贤明君主。早先国家钱财不够，有些战士拿不到军饷，崤山以东遭遇水灾，齐、赵大地发生大饥荒，朝廷就是凭借均输政策攒下来的东西和在仓库中保留的财物，才使战士得到供给，灾民得到赈济。因此均输的物产及国库积蓄下来的财富，并不只用于和民众交易赚钱来提供国防费用，也用于赈济贫困、防备水旱灾害。"

文学曰："古者，十一而税①，泽梁以时入而无禁，黎民咸被南亩而不失其务。故三年耕而余一年之蓄，九年耕有三年之蓄。此禹、汤所以备水旱而安百姓也。草莱不辟，田畴不治②，虽擅山海之财，通百末之利，犹不能赡也。是以古者尚力务本而种树繁，躬耕趣时③而衣食足，虽累凶年而人不病也。故衣食者民之本，稼穑④者民之务也。二者修，则国富而民安也。《诗》云：'百室盈止，妇子宁止'也。"

【注释】

① 十一而税：征收民众收获的十分之一作为赋税。

② 田畴（chóu）：田地，农田。治：修治。

③ 躬耕：亲身耕作。趣时：抓紧农时。趣，通"趋"。

④ 稼：种植。穑（sè）：收割。

【译文】

文学说："在古代，国家只征收十分之一的赋税，百姓按时令去池塘捕鱼，官府也不禁止，人人都能去地里劳动而不耽误农时。所以百姓种地三年可以积累一年的粮食，种地九年就能积累三年的粮食。这是夏禹、商汤防水旱灾祸，安定百姓生活的方法。当荒地没人开垦，田地不得治理时，即使朝廷垄断大山大河的资源，各种商业利益都流通起来，百姓的生活依然不富裕。因此古代都鼓励百姓重视农业根本，种植类型多，亲自耕种，抓紧农时，保障自己丰衣足食。就算遇上歉收年份，百姓也不至于为此受累。所以说衣食是民众的根本，种田收获才是百姓的首要任务。这两个方面做到了，自然国泰民安。《诗经》曾说：'百姓家家余粮足，妻子孩子都安宁'啊。"

【论辩剖析】

大夫另辟蹊径，点出盐铁官营、均输等政策有益于国家掌控并调配资源。国家因此具备赈灾救难的实力，还强调相关政策的实用性与重要性。文学认为，民众应始终关注自己的衣食来源，将种植和收割作为主要事务，这样在天灾人祸面前就不会陷入困境，相较之下，大夫强调的国家资助就显得不那么重要了。

民为本不一定商为轻

大夫曰："贤圣治家非一宝，富国非一道。昔管仲以权谲①霸，而纪氏以强本亡。使治家养生必于农，则舜不甄陶而伊尹不为庖。故善为国者，天下之下我高，天下之轻我重。以末易其本，以虚易其实。今山泽之财，均输之藏，所以御轻重而役诸侯也。汝、汉之金，纤微之贡，所以诱外国而钓胡、羌之宝也。夫中国一端之缦，得匈奴累金之物，而损敌国之用。是以骡驴馲驼②，衔尾入塞，驒騱騵马③，尽为我畜，鼲貂狐貉④，采旃文罽⑤，充于内府，而璧玉珊瑚琉璃，咸为国之宝。是则外国之物内流，而利不外泄也。异物内流则国用饶，利不外泄则民用给矣。《诗》曰：'百室盈止，妇子宁止。'"

【注释】

①权谲（jué）：权术欺诈。孔子说，齐桓公正而不谲，此处大夫说管仲以权术欺诈帮助齐桓公称霸，观点与孔子不同。

②馲（tuō）驼：即骆驼。

③驒騱（tuó xí）：野马。騵（yuán）马：赤毛白腹的马。

④鼲（hún）：黄鼠，又称拱鼠、礼鼠。貂：同"貂"。貉（hé）：一种哺乳动物，外貌像狐狸，昼伏夜出。

⑤采旃：彩色的毡子。旃，通"毡"。文罽（jì）：有花纹的毯子。

【译文】

大夫说："贤明君主治理国家并非只有一种方法，使国家富裕也并非只有一条路径。昔日管仲用权谋帮助齐桓公称霸，但纪国却因为加强农业而亡国。假使治理国家、修养民生必须倚仗农业发展，那舜不会从事陶瓷事业，伊尹也不会去做厨师。所以，真正擅长治国的人，天下人认为他手段不高明，我却认可他；天下人轻视他，我却看重他。用工商业替代农业，用虚替代实。当今世上大山大河的财富，均输所储存的货物，都是通过调节供求和调平价格来驾驭诸侯王的。汝水、汉水里的黄金，精致的丝线贡品，都用来赚取外国和匈奴、西羌的珍贵宝物。中原一匹没有花纹的丝绸，就能换来匈奴价值很多黄金的宝贝，这样会慢慢消耗敌国的财富。因此，国外的骡、驴、骆驼，一头头接连来到我国边塞；各种野马和赤毛白腹骏马，都能成为我们的牲畜；鼠皮、貂皮、狐貉、彩色的毡子、带花纹的毛毯填满了整个皇宫的仓库；璧玉、珊瑚、琉璃，都变成了我们的珍宝。如此一来，外国的货物流入我们国家，而我们国家的财富不外流。外国宝物的输入让国家富裕，而自家财物不外流就可以供给百姓使用。《诗经》说：'家家有余粮，妻子儿女才安稳。'"

文学曰："古者，商通物而不豫，工致牢而不伪。故君子耕稼田鱼①，其实一也。商则长诈，工则饰骂②，内怀窥窬而心不怍，是以薄夫欺而敦夫薄。昔桀女乐充宫室，文绣衣裳，故伊尹高逝游薄，而女乐终废其国。今骡驴之用，不中牛马之功，鼲貂旃罽，不益锦绨之实。美玉珊瑚出于昆山，珠玑犀象出于桂林，此距汉万有余里。计耕桑之功，资财之费，是一物而售百倍其价也，一揖而中万钟之粟也。夫上好珍怪，则淫服下流，贵远方之物，则货财外充。是以王者不珍无用以节其民，不爱奇货以富其国。故理民之道，在于节用尚本，分土井田而已。"

【注释】

① 田：同"畋"，打猎。鱼：同"渔"，捕鱼。

② 饰骂：饰巧。王绍兰说，骂当为"罵（mà）"，意为巧。饰巧，即作假。

历史回眸：井田制

井田制是西周实行的土地国有制度，因土地被划分成"井"字方块状而得名。在井田制度下，土地虽然分为公田和私田，但这些土地都归周天子所有，"普天之下，莫非王土"。领主不得私自买卖和转让井田，还要上缴一定的贡赋。庶民需要首先集体耕种井田，再耕种私田。西周时期，井田制在一定程度上解放了生产力，促进了生产发展，同时有助于巩固周天子的统治地位。

【译文】

文学说："在古代，商人流通货物而不骗人，工匠努力做出结实的器皿而不造假。所以君子不管是种地还是打猎、捕鱼都始终如一地保持忠实。商人善于欺骗，工匠善于造假，心中伺机牟利却一点儿也不感到羞愧，所以刻薄之人更刻薄，老实之人变刻薄。以前夏桀的宫殿里全是歌女，她们衣着华美，因此伊尹去向远方，投奔亳地的商汤，而夏朝最后灭亡在歌女手中。现在，骡子和驴远远赶不上牛马的功效，鼠皮、貂皮、毡子、毛毯，都不如锦缎丝绸实用。美玉、珊瑚产自昆仑山，珠玑、犀牛角、象牙产自桂林，从桂林到长安一万多里路。计算一下耕种采桑的效率，再算算收集远方宝物的费用，就可以得知一件外来宝物的价格高出它本身价值百倍，只有一捧的珍贵宝物却抵得上万斤粮食。身处上位的人爱好奇珍异宝，身在基层的人也会追求华丽的衣着，我们看重远方民族的物品，就会让自己国家的资产流到外国国库。因此，君主不应该看重那些无用之物，借此倡导百姓要节俭；不要追寻珍奇物件，以此来保证国家的富庶。所以，治理好百姓的根本在于节省支出，推崇农业的根本，在于分封土地并实施井田制度。"

大夫曰："自京师东西南北，历山川，经郡国，诸殷富大都，无非街衢五通①，商贾之所凑，万物之所殖者。故圣人因天时，智者因地财，上士取诸人，中士劳其形。长沮、桀溺，无百金之积，跖蹻②之徒，无猗顿之富，宛、周、齐、鲁，商遍天下。故乃商贾之富，或累万金，追利乘羡③之所致也。富国何必用本农，足民何必井田也？"

【注释】

① 街衢（qú）五通：街道四通八达。

② 跖蹻（zhī qiāo）：指普通劳动者。跖，柳下跖；蹻，庄蹻。传说中的两个大盗。一说，跖，穿；蹻，草鞋。

③ 乘羡：谋取盈余。羡，盈余。

【译文】

大夫说："从国都到天下四方，经过各种名山大川，路过各个郡县、诸侯国和所有的富裕都城，没有一个不是交通发达、商贩扎堆、万物增长的地区。所以聪明人能顺应天时，有智慧的人能利用当地物产，上等人才从众人手中谋取财富，中等人才靠自己劳动赚钱。长沮、桀溺都是隐居之人，没有百金积蓄；盗跖、庄蹻等人，也不如猗顿富裕；宛、周、齐、鲁，四大商都的商贩天下随处可见。所以商人这么富裕，有的人甚至积累万两黄金，这都是通过追求利润，慢慢积累剩余财富达到的。想要国家富裕何必只在乎农业发展呢？想要使得百姓丰衣足食，何必只依赖井田制度呢？"

文学曰："洪水滔天，而有禹之绩；河水泛滥，而有宣房之功①。商纣暴虐，而有孟津之谋②；天下烦扰，而有乘羡之富。夫上古至治，民朴而贵本，安愉而寡求。当此之时，道路罕行，市朝生草。故耕不强者无以充虚，织不强者无以掩形。虽有凑会之要，陶、宛之术，无所施其巧。自古及今，不施而得报，不劳而有功者，未之有也。"

【注释】

① 宣房之功：汉武帝时期，黄河在瓠子口（在今河南濮阳西南）决口。汉武帝亲临现场，指挥军民堵塞决口。事后在坝上筑宣房宫。

② 孟津之谋：周武王与天下八百诸侯在孟津会盟，誓师伐纣。

【译文】

文学说："洪水汹涌，然后才有大禹治水的功劳；黄河水灾，然后才有武帝宣房的功绩。商纣王生性残暴酷虐，才能体现出周武王与诸侯誓师孟津的谋略；天下人烦忧混乱，才能积累丰厚的财富。上古时期才是治国典范，百姓朴实，国家看重农业发展，百姓生活安乐、清心寡欲。在那时，道路上极少有人，市集上都长满野草。所以耕种不积极的人吃不饱肚子，织布不积极的人没有合适的衣物遮住身体。即使有人群聚集的商业要地，有陶朱公、宛孔氏的经商策略，也无处施展。从古到今，不施加恩德就能获得回报，不劳动就能有功劳的情形，不曾有过。"

【论辩剖析】

大夫主张要发展商业，大谈特谈商业对国家财富积累的重要性。商业对内能促进经济交流，方便国家筹划赈灾与边防，对外能赚取他国钱财，主张君主不要仅倚靠农业充实国库。文学则反对以上说法，赚取他国的财富收获甚微，反而会丢掉自己的农业根本，属实不可取。商业和农业哪个更能带来财富？《力耕》篇中，双方交换了意见，但显然未能达成一致。

疏

　　《力耕》作为《盐铁论》的第二章，直指古代王朝帝王百姓都看重的核心问题——农业在经济生产中的地位，涉及"以农为本""重农抑商"等封建社会一系列经济观念。文学强调农耕在西汉王朝不可动摇的根本位置，并列举夏禹、商汤等明君鼓励耕种的例子，来证明国家经济始终要鼓舞民众开垦种植、大力发展农业的观点。而大夫的观点可以看作文学观点的进一步发展。大夫不是否定文学农业为本的思想，而是从时局和现实出发看待商业发展。大夫指出，商业交流、均输物流都是为了带动农产品的流通。古代圣君、有智慧之人治理国家和发展经济的方式也是多种多样的，借助他人力量，以虚易实、以贱易贵未尝不好。最明显的例子就是，在汉朝不珍贵的布匹在匈奴那里价值连城，可以换来国家需要的金钱宝物。而且人们在各方面都自产自足，实际上很难实现，哪里比得上交换剩余物资，能让大家都便捷呢？

　　从这一章辩论中，我们能清晰地感知大夫身上展露的"经济学家"的闪光点：他们懂得广开民间创造财富的道路，让民众不拘泥于种田自足；他们懂得国家掌握均输、储备赈灾物品且调控民间交易的重要性；他们懂得让财富自己生长，以贱易贵。这些都是国家积累财富的妙招。而文学坚持以恪守农业为本，遏制以商业积累财富的想法，就显得有些片面和狭隘了。当然，文学认为，过度放纵商业会破坏百姓淳朴的天性，更多是基于儒家学说中的"人性论"出发的，反映他们对民风淳朴、天下大同的社会的朴素追求。

富在术数，不在劳身；
利在势居，不在力耕

通有

论题解读：

　　《通有》顾名思义就是要不要保障商业流通，政府要不要调配商业行为。这章是文学与大夫就"均输"等政策展开激烈交锋的一篇，也是继"力耕"话题后，双方思想角逐的新话题。在本篇中，以桑弘羊为代言人的士族对国家经济的调控可谓深见智慧，而文学的反击也颇具思量。除去语言艺术，双方辩论均更见思想高度。

创造财富之道：互通有无

　　大夫曰："燕之涿、蓟，赵之邯郸，魏之温、轵，韩之荥阳，齐之临淄，楚之宛、陈，郑之阳翟，三川①之二周，富冠海内，皆为天下名都，非有助之耕其野而田②其地者也，居五诸之冲，跨街衢之路也。故物丰者民衍③，宅近市者家富。富在术数④，不在劳身；利在势居，不在力耕也。"

① 三川：伊水、洛水、黄河。

② 田：动词，种植。

③ 民衍：民众富裕。

④ 术数：筹划。

【译文】

大夫说："燕国的涿、蓟，赵国的邯郸，魏国的温、轵，韩国的荥阳，齐国的临淄，楚国的宛、陈，郑国的阳翟，伊水、洛水、黄河流域的二周，这些地方在四海之内都是最为富裕的，都是天底下的著名大都，这些城市都不是借助农耕致富的，而是处在五大都市的要塞上，横跨交通枢纽。所以物产富饶的地区百姓富裕，住在靠近都市地区的家庭有钱。致富在于谋划，而不在于亲自劳动；获利在于占据优势，而不在于努力农耕。"

文学曰："荆、扬南有桂林之饶，内有江、湖之利，左陵阳之金，右蜀、汉之材，伐木而树谷，燔莱而播粟①，火耕而水耨②，地广而饶财；然民鮆窳③偷生，好衣甘食，虽白屋草庐，歌讴鼓琴，日给月单，朝歌暮戚。赵、中山带大河，纂四通神衢，当天下之蹊④，商贾错于路，诸侯交于道；然民淫好末，侈靡而不务本，田畴不修，男女矜饰，家无斗筲，鸣琴在室。是以楚、赵之民，均贫而寡富。宋、卫、韩、梁，好本稼穑，编户齐民，无不家衍人给。故利在自惜，不在势居街衢；富在俭力趣时，不在岁司羽鸠也⑤。"

【注释】

① 燔（fán）莱：焚烧荒草。播粟：播种庄稼。

② 火耕：古代开荒种地，先放火烧尽草木，而后耕作播种。水耨（nòu）：古代一种除草方法，放水将草沤烂。

③ 觜窳（jì yǔ）：懒惰。

④ 纂（zuàn）四通神衢：汇合四通八达的要冲。纂，汇合，连接。蹊（xī）：道路。

⑤ 岁司：管理农时。羽鸠：周时征收羽、鸠两种赋税的官吏名，此处指聚敛。

【译文】

文学说："荆、扬二州南边有桂林的丰饶，内有长江、湖海的利益，左边有铜陵的黄铜，右边生长着蜀、汉的木材，人民砍伐大树，培育庄稼，焚烧田里的草木，亲自种下五谷，放火开荒，以水耨草，整体上土地辽阔、物产繁多。可惜当地百姓懒惰，偏爱华丽的衣物、好吃的食物，即便居住在白茅草搭建的屋子里，也要继续弹琴歌唱，过得一天，过不得一个月，早上开怀歌唱，晚上又惆怅。赵地和中山地区紧挨黄河，有贯通四面八方的交通，是天下人必然要经过的地方，商人在道路上交错前行，各诸侯使者在路上相见。但是民众过于喜欢经商，生活上铺张浪费，不愿意勤恳耕种，田地得不到打理，男男女女只讲究自己的衣着打扮，即使家里存粮不足一斗一筲，依然弹琴作乐。因此楚、赵两地百姓多数贫困，较少富裕。宋、卫、韩、梁四地，百姓喜欢耕作，只要是编入户籍的百姓，没有一家不是富裕的，没有一人不是富足的。所以百姓获利在于自身珍惜经济来源，而不是依靠交通地域优势；百姓致富在于勤俭，按时努力耕作，而不在于朝廷每年派遣官员征收赋税。"

大夫曰："五行：东方木，而丹、章有金铜之山；南方火，而交趾有大海之川；西方金，而蜀、陇有名材之林；北方水，而幽都有积沙之地。此天地所以均有无而通万物也。今吴、越之竹，隋、唐①之材，不可胜用，而曹、卫、梁、宋，采棺转尸；江、湖之鱼，莱、黄之鲐②，不可胜食，而邹、鲁、周、韩，藜藿③蔬食。天地之利无不赡，而山海之货无不富也；然百姓匮乏，财用不足，多寡不调，而天下财不散也。"

①隋：通"随"，春秋诸侯国，今湖北随州南。唐：春秋诸侯国，今河南唐河。一说，在今湖北唐城。

②鲐（tái）：一种海鱼。

③藜：一种野菜。藿（huò）：豆叶。

【译文】

大夫说："依照金、木、水、火、土五行的说法：东方是属木的，但丹阳、章山却坐拥金矿、铜矿；南方是属火的，但交趾郡有汪洋南海；西方是属金的，但蜀郡、陇西郡长满名贵木材；北方是属水的，但幽州有大片沙漠。这些都是天地均衡有无、流通万物的例子。当下吴越之地的竹子，随、唐之地的大树，多得用不完，但曹地、卫地、梁地、宋地，却只能用柞木制作简陋的棺木，有的时候甚至百姓只能抛尸荒野；长江、湖泊中的鱼类，莱、黄之地的鲐鱼，多得吃不完，但邹地、鲁地、周地、韩地的百姓却只能把藜藿野菜和各种蔬菜当作食物。天地赐予的财利无不丰足，山林大海储藏的货物无不丰富；但百姓生活资源匮乏，各种资财不够用，这都是财富分配不均匀，国内资源没有进行流通导致的。"

文学曰："古者，采椽不斫①，茅茨不翦②，衣布褐，饭土硎③，铸金为钮，埏埴为器④，工不造奇巧，世不宝不可衣食之物，各安其居，乐其俗，甘其食，便其器。是以远方之物不交，而昆山之玉不至。今世俗坏而竞于淫靡，女极纤微，工极技巧，雕素朴而尚珍怪，钻山石而求金银，没深渊求珠玑，设机陷求犀象，张网罗求翡翠，求蛮、貊之物以眩中国，徙邛、筰⑤之货，致之东海，交万里之财，旷日费功，无益于用。是以褐夫匹妇，劳罢力屈，而衣食不足也。故王者禁溢利，节漏费。溢利禁则反本，漏费节则民用给。是以生无乏资，死无转尸也。"

①采：同"棌"，栎木。椽（chuán）：屋上承接瓦的木条。斫（zhuó）：砍削，雕饰。

②茅：茅草。原作"屋"，据王利器说校改。茨：用茅草盖屋顶。翦：同"剪"，修剪整齐。

③土硎（xíng）：土做的饮食器具，即陶碗。

④埏埴（shān zhí）为器：糅合泥土制作饮食器具。埏埴，糅合泥土。

⑤邛（qióng）：古代西南少数民族部落名，在今四川西昌东南。筰（zuó）：古代西南少数民族部落名，在今四川汉源县东南。

【译文】

文学说："在古时候，栎木椽子用不着刀砍削切，茅草房子也用不着修建整理，百姓穿着粗布衣物，用陶瓷器具吃饭，用铜铁制作锄头，捏和泥土制作器具，工匠造物不追求奇巧，世人也不把衣食外的东西当宝贝，人人安居，对当地风俗感到愉悦，开心地吃着食物，习惯用自己的器具。因此远方的产物不拿来交换，昆山的玉石也带不到这里。而当下世俗败坏，百姓争相攀比，浪费财物，女工制品要求极高、极细致，工匠制品讲求技巧精湛，人们雕琢素朴的东西，却向往珍奇异宝，开凿山石来寻找金矿、银矿，潜入深渊去寻求珠宝，放置机关来捕捉犀牛、大象，张开罗网来寻找翡翠，追求蛮荒地域的珍奇宝物来迷乱中原，转运邛、筰之地的货物，抵达东海地区，与万里之外的商品交换，这样的行为除了浪费时间、消耗人工，没有任何好处。因此平民夫妻，忙碌到精疲力竭，却依然衣食不足。所以君主禁止暴利，节约非必要的支出。暴利行业被禁止，百姓自然就返回农业根本，非必要费用也能被节省下来，这样会使百姓的用度自给自足。这样百姓活着的时候不会资财匮乏，死后也不会被抛尸荒野。"

大夫曰："古者，宫室有度，舆服以庸；采椽茅茨，非先王之制也。君子节奢刺俭，俭则固。昔孙叔敖相楚，妻不衣帛，马不秣粟。孔子曰：'不可，大俭极下。'此《蟋蟀》所为作也。《管子》曰：'不饰宫室，则材木不可胜用，不充庖厨，则禽兽不损其寿。无末利，则本业无所出，无黼黻①，则女工不施。'故工商梓匠，邦国之用，器械之备也。自古有之，非独于此。弦高贩牛于周，五羖赁车入秦，公输子以规矩，欧冶以镕铸。《语》曰：'百工居肆，以致其事。'农商交易，以利本末。山居泽处，蓬蒿硗埆②，财物流通，有以均之。是以多者不独衍，少者不独馑③。若各居其处，食其食，则是橘柚不鬻，朐④卤之盐不出，旃罽不市，而吴、唐之材不用也。"

【注释】

① 黼黻（fǔ fú）：古代绘绣的具有华美花纹的礼服。

② 蓬蒿：野草。硗埆（qiāo què）：土地贫瘠。

③ 馑（jǐn）：同"堇"，缺乏。

④ 朐（qú）：秦县，在今江苏连云港西南。

历史回眸：五羖大夫百里奚

　　春秋时期秦国名臣百里奚又称五羖大夫。他的成名之路十分坎坷。他出身贫寒，早年怀才不遇，辗转各国。为了求得发展机会，他离家闯荡十年却无所收获，回家后发现妻子早已不见踪迹，心灰意冷之下打算踏实地跟随虞君做事。可惜，天不遂人愿，虞君投靠秦国，几经波折后，百里奚再次流落楚国，成了牧羊人。秦穆公在审查时，发现百里奚不见踪影，于是询问其他人百里奚在何处。有人表示百里奚极富才华，不甘心当公主随从，早逃亡楚国了。秦穆公爱才，迫切想迎回百里奚，却怕张扬会让楚国不放人，就出五张羊皮（五羖）将百里奚随意赎回。百里奚遇上伯乐秦穆公，自然尽心辅佐，于是后人将他称为五羖大夫。

【译文】

大夫说："古时候，宫廷内有等级制度，车马、衣服全都按照功劳大小来分配；百姓使用栎木椽子和茅草建造房屋，并非先王时期定下的规矩。君子遏制奢靡也嘲讽简朴，过度简朴会导致粗糙。以前孙叔敖在楚国做令尹，他的妻子不穿丝绸衣物，不给他的马喂粮食。孔子说：'这是不可行的，太朴素无法与下层分出等级。'这就是《诗经·唐风·蟋蟀》创作的原因啊。《管子》说：'不装修宫殿，木材就用不完，不充实厨房，野兽的寿命不会减少。没有工商业，农业也发展不起来，没有黼黻礼服，女工无法展露精湛技巧。'所以工商木匠，都是有利于国家的人，他们能提供器械。自古天下就存在工商匠人，并非今天才出现。弦高到东周去贩卖牛群，五羖大夫百里奚也曾受雇租车去秦国经商，鲁班凭借圆规曲尺等用具成为巧匠，欧冶子靠着熔铸技艺成为铸剑高手。《论语》中有言：'工匠各自居住在自己的工坊里，专注完成他们的工作。'农业与商业交易，有助于农业和工商业共同发展。有些人居住在山林，有些人居住在湖边，杂草横生，土地很贫瘠，更要加强物产流通，均衡有无。因此物产丰富的地区不会独自富起来，物产较少的地区也不会独自贫困。如果仅是各居其地，食用当地物产，那些盛产橘柚水果的地方产品也卖不出去，朐县的盐巴也无法运出，毡子地毯无法上市售卖，吴地、唐地的木材也没了用处。"

文学曰："孟子云：'不违农时，谷不可胜食。蚕麻以时，布帛不可胜衣也。斧斤以时，材木不可胜用。田渔以时，鱼肉不可胜食。'若则饰宫室，增台榭①，梓匠斫巨为小，以圆为方，上成云气，下成山林，则材木不足用也。男子去本为末，雕文刻镂，以象禽兽，穷物究变，则谷不足食也。妇女饰微治细，以成文章，极伎尽巧，则丝布不足衣也。庖宰烹杀胎卵，煎炙齐和，穷极五味，则鱼肉不足食也。当今世，非患禽兽不损，材木不胜，患僭侈②之无穷也；非患无荷蒉橘柚，患无狭庐糠糟也。"

【注释】

① 台榭（xiè）：亭台上的房屋。

② 僭（jiàn）侈：僭越奢侈。

【译文】

文学说："孟子曾说过：'不违背农时，百姓种的谷子根本吃不完。蚕麻都按时节养殖，粗布、丝绸衣物穿不完。按时节背着斧头进山砍伐树木，木材根本用不完。按时节打猎捕鱼，鱼肉也根本吃不完。'如果装饰宫殿没有限度，不停地修建亭台楼阁，木匠就会把大木料切小，圆木料切方，上方雕刻云朵，下方雕刻山林，如此一来木材注定不够用。男子都抛弃农业从事商业，木匠雕梁画栋，描摹百兽，竭力表现万物变化，那粮食注定不够食用。妇女在刺绣时讲求精细，织成各种花纹，竭力展现技巧，那么丝绸粗布制成的衣物会不够穿。厨师将兽胎蛋卵烹饪，煎炸烧烤搭配，竭尽酸、苦、甘、辛和咸五种味道，那么鱼肉肯定供应不足。当今时代，不怕野兽数量减少，木材使用完，只怕奢侈的风气没有穷尽；不怕没有毡子、毛毯、橘子和柚子等物产，只怕连小茅屋和糠糟粗食都没有了。"

【论辩剖析】

资源分布不均衡必然会导致物产分配的难题，《通有》就是在辩论此问题。文学坚持古时朝廷不掌控自然资源，让百姓自产自销、自给自足的观点，要求放弃盐铁官营、均衡通有等政策，解放民力，遏制骄奢攀比的风气。大夫则坚持认为天地五行早就说明均输互通是正确的，因而朝廷掌控资源，并施行分配均输是有益于民的，经济发展要农业商业并重。双方观点不同，各有思考，不过文学禁止均输互通的看法略显守旧。

疏

　　本次交锋开头，大夫以西汉当时的富裕城市都在交通枢纽旁边为例，证明百姓想要富裕就需因地制宜，充分利用地方优势。这在我们现代人看来也是极其正确的，国家想发展，交通发达的城市是重中之重。文学对此不以为然，认为当时荆州、桂林之地虽占尽地域优势，但百姓好逸恶劳，同样行不通。双方对国家发展靠因地制宜还是百姓勤俭争论不休。

　　大夫以南北方物产不同，不实行商业均输会白白浪费资源来再次证明均输政策的合理性与重要性。文学却坚信只要君主不牟取暴利、民众能够安居乐业，天下人哪还有那么多贪欲的人追求物质享受呢？这里，双方的观点展现出现实主义和理想主义的差别。很明显，大夫这些实干家的观点是符合现实生活的思想。

　　面对固执的文学，大夫反击：你们强调只发展农业，那我们仔细探究不发展商业真的有利于农业吗？物产不流通，百姓有什么动力多开垦？需求不提高，百工制造有什么动力提高效率？固守自己的一亩三分地，国家经济发展的动力从哪里来？这一系列论证是非常现实且精彩的。本章双方的观点都鲜明，辩证也有来有回，只不过从现实生活和经济发展的角度来看，大夫的看法更贴近实际。

币统一，则民不二；币由上，则下不疑

错币

论题解读:

西汉王朝建立后，最初朝廷允许民间和郡国铸币，后来一步步把铸币权收回。而《错币》正是讨论货币发行权到底该归属朝廷，还是归属私人（地方）。从国家统治角度出发，文学放铸币权于民间的想法会对国家政权的稳定造成威胁：一方面容易造成假币横行，经济社会混乱；另一方面也容易导致地方势力坐大，与朝廷对抗。这也是历来国家都要掌握货币制造和发行权的主要原因。

货币私铸是动摇国本还是造福于民

大夫曰："交币通施，民事不及，物有所并①也。计本量委，民有饥者，谷有所藏也。智者有百人之功，愚者有不更本之事。人君不调，民有相妨之富也。此其所以或储百年之余，或不厌②糟糠也。民大③富，则不可以禄使也；大强，则不可以罚威也。非散聚均利者不齐④。故人主积其食，守其用，制其有余，调其不足，禁溢羡，厄利涂⑤，然后百姓可家给人足也。"

【注释】

① 并：兼并，囤积垄断。

② 厌：同"餍"，饱足。

③ 大：同"太"。下文"大强"之"大"意同。

④ 不齐：贫富悬殊。

⑤ 厄（è）利涂：堵塞私人牟取暴利的源头。厄，同"阸"，指阻塞。涂，同"途"，指源头。

【译文】

大夫说："流通钱币，进行商品互换，百姓基本的衣食要求仍满足不了，这是因为商品被垄断。统计农业产出，再量入流出，但民众仍有吃不饱的，这是因为粮食被有心人储藏起来了。一个聪明人的收益抵得上一百个人，蠢人却连本钱都拿不回来。君主如果不加以调整，民间必然产生侵害他人利益的有钱人。这就是为什么会有人存有一百年也吃不完的余粮，而有的人连果腹的糟糠粗粮都没有。民众太富有，皇帝就无法用俸禄支使他们；民众太强势，皇帝就不能用处罚威慑他们。如果朝廷不分散聚集的财富，均衡被个人独占的利益，就会导致社会贫富差距巨大。由此可见，只有君主储存粮食，朝廷掌握财政支出，限制有余，调剂不足，禁止坐拥过多的财富，堵塞牟取暴利的源头，老百姓才能自给自足、安居乐业。"

文学曰："古者，贵德而贱利，重义而轻财。三王之时，迭盛迭衰。衰则扶之，倾则定之。是以夏忠、殷敬、周文，庠序①之教，恭让之礼，粲然可得而观也。及其后，礼义弛崩，风俗灭息，故自食禄之君子，违于义而竞于财，大小相吞，激转相倾。此所以或储百年之余，或无以充虚蔽形也。古之仕者不稼，田者不渔，抱关击柝②，皆有常秩，不得兼利尽物。如此，则愚智同功，不相倾也。《诗》云：'彼有遗秉③，此有滞穗，伊寡妇之利。'言不尽物也。"

①庠（xiáng）序：古时学校名称，殷朝称序，周朝称庠，后用庠序代指学校。

②击柝（tuò）：打更的人。

③秉：这里指庄稼。

【译文】

　　文学说："古代的人以品德为贵而轻视利润，重视道义而不看重财物。夏禹、商汤、周文王三王时代，道德大义交替兴盛衰落。衰落了就扶一把，倾倒了就去扶正它。因此夏朝的政治风气是忠厚，商朝的政治风气是敬鬼神，周朝的政治风气是德仁礼义、学校教化、谦恭礼节、辉煌璀璨，现在还能从古书中查阅到。再后来，礼义文化松懈崩坏，好的风俗都消散，所以那些领取官府俸禄的人，违背礼义，抢夺金钱，大的势力吞并小的势力，彼此之间相互倾轧。这就是为什么有些人积累百年也吃不完的粮食，而有的人却食不果腹、衣不蔽体。古代当官的人不种田，种田的也不从事渔业，驻守边关的人，夜里打更的人，人人有固定收入，不能兼得其他的财物，也不能独占利益。这样一来，愚蠢的人和智慧的人皆有所得，彼此不会互相倾轧。《诗经》说：'那儿有漏掉的麦穗，这儿有掉下的稻谷，这都该属于寡妇的利益啊。'这几句诗歌就是在说，不要把利益一网捞尽啊。"

　　大夫曰："汤、文继衰，汉兴乘弊①。一质一文，非苟易常也。俗弊更法，非务变古也，亦所以救失扶衰也。故教与俗改，弊与世易。夏后以玄贝，周人以紫石，后世或金钱刀布。物极而衰，终始之运也。故山泽无征，则君臣同利；刀币无禁，则奸贞②并行。夫臣富则相侈，下专利则相倾也。"

【注释】

① 弊：通"币"，货币。

② 奸贞：真假货币。奸，假币。贞，通"正"，指真币。

【译文】

大夫说："商汤、周文王继夏桀、商纣王衰世而起，汉朝也是趁着秦王朝的弊政兴旺起来的。不同王朝，有的质朴，有的重视文教，这并不是随意修改传统法度。风俗变坏就改变法度，这不是随意更改古代制度，而是在纠正失误，扶正衰世。因此教化要跟着习俗改变，货币要跟着时代转变。夏朝用黑色贝壳做货币，周朝用紫色石块做货币，后代有的以金钱刀布做货币。事情都是发展到极点就会转向衰落，这是从始至终的规律啊。所以山林大河不征税，会使得君主和百姓利益相同；不禁止私人铸造货币，会导致假币真币一起流通。臣子、百姓都富裕就会互相攀比，私人掌控利益就会相互倾轧。"

文学曰："古者，市朝而无刀币，各以其所有易所无，抱布贸丝而已。后世即有龟贝金钱，交施之也。币数变而民滋伪。夫救伪以质，防失以礼。汤、文继衰，革法易化，而殷、周道兴。汉初乘弊，而不改易，畜利变币①，欲以反②本，是犹以煎止燔，以火止沸也。上好礼则民闇饰③，上好货则下死利也。"

【注释】

① 畜利：积蓄财利。畜，通"蓄"。变币：改变货币。

② 反：同"返"，返回。

③ 闇饰：懂得用礼修饰自己的行为。闇，通"谙"，明白。

文学说:"古时候,有集市却不使用钱币,每个人拿着他所拥有的去交换没有的,拿着布匹去交换蚕丝罢了。后代王朝有使用龟壳、贝壳、金钱来做货币的,几种交替使用。货币屡屡变动导致百姓滋生虚伪念头。拯救虚伪应该用质朴,防止失去仁德要用大义。商汤、周文王承接夏桀、殷纣王的衰败王朝,改革法度,转变教化,所以商朝、周朝强盛起来。汉朝初期沿袭秦朝留下的弊病,不更改法度教化,反而积蓄财富,更改货币样式,却想回到农业根本,这和用煎烤去防止烤焦,用加火去阻止沸腾差不多。身处上位的人讲求礼仪,那百姓也会用礼义约束自己的行为;身处上位的人讲求财物,那百姓也会为利益争抢得你死我活。"

大夫曰:"文帝之时,纵民得铸钱、冶铁、煮盐。吴王擅鄣海泽,邓通专西山。山东奸猾,咸聚吴国,秦、雍、汉、蜀因邓氏。吴、邓钱布天下,故有铸钱之禁。禁御之法立而奸伪息,奸伪息则民不期于妄得,而各务其职,不反本何为?故统一,则民不二也;币由上①,则下不疑也。"

【注释】

① 由上:指由国家统一发行。

历史回眸:汉朝铸币国有之路

汉朝对民间铸钱的政策是逐渐严格起来的。汉景帝中元六年(公元前144年),朝廷颁布《定铸钱伪黄金弃市律》,禁止民间私铸货币,只准郡国铸币。到了汉武帝元狩四年(公元前119年),

朝廷下令"盗铸诸金钱罪皆死"，此时已经严禁私人铸钱，民间私自铸钱会招来死罪，但郡国还能私自铸钱。汉武帝元鼎四年（公元前113年），朝廷下令禁止郡国铸钱。至此，西汉铸币权完全收归中央。历史上对这项改革的评价还是非常高的，但也有人提出这是一项害人尤甚的政策，为中央进一步剥削民众埋下伏笔。持这种观点的有近代著名的史学家吕思勉。

【译文】

大夫说："汉文帝在位时，放纵百姓私自铸造钱币、冶炼金属、煮盐。吴王刘濞私自霸占大河大江，宠臣邓通独占西山的铁矿。崤山以东，奸诈滑头的人都齐聚吴国，秦地、雍地、汉中、蜀郡的奸人投靠邓通。吴王、邓通发行的货币流通于天下，所以朝廷才下令禁止私自铸造货币。禁止的法规被确立后，民间狡诈作假的风气就平息了；狡诈作假的风气平息，民众就不再追求非法所得，而是安心做自己的事业，如此一来，他们不返回去从事农耕，又能做什么？所以国家统一铸造钱币，民众也就没有二心；货币由朝廷统一发行，百姓也就不感到疑惑。"

文学曰："往古，币众财通而民乐。其后，稍去旧币，更行白金龟龙①，民多巧新币。币数易而民益疑。于是废天下诸钱，而专命水衡②三官③作。吏匠侵利，或不中式，故有薄厚轻重。农人不习，物类比之，信故疑新，不知奸贞。商贾以美贸恶，以半易倍。买则失实，卖则失理，其疑或④滋益甚。夫铸伪金钱以⑤有法，而钱之善恶无增损于故。择钱则物稽滞，而用人尤被其苦。《春秋》曰：'算不及蛮、夷则不行。'故王者外不鄣海泽以便民用，内不禁刀币以通民施。"

①白金龟龙：汉武帝时期的钱币。白金，银和锡。龟龙，指钱上的花纹，有龙文、马文、龟文三种，其中龙文价值最高。元狩四年（公元前119年），汉朝发行用银和锡合金铸造的"白金"货币。

②水衡：水衡都尉，汉朝官名，主管上林苑，兼管铸钱。

③三官：指水衡都尉下属的均输官、钟官令、辨铜令。三官设置是在元鼎二年（公元前115年）。

④或：通"惑"，疑惑。

⑤以：通"已"，已经。

【译文】

文学说："追溯上古时期，货币多种多样，财富货物各自流通，百姓安居乐业。再往后，渐渐去掉旧的货币，改成发行银锡龟龙钱币，民间多巧妙掺杂铅锡伪造新币。货币更换得越频繁就会导致百姓的疑惑越多。于是朝廷下令废除天下所有的货币，下达专令让水衡都尉属下均输官、钟官令、辨铜令三官一起铸造货币。但铸钱官员和铸钱工匠都从中牟利，有些货币不合格，因此新货币有薄厚轻重的区别。农民不习惯使用新币，用他们更熟悉的旧币来替代新币使用，信任旧币，怀疑新币，一时间不知道货币真假。商贾收购质量好的货币兑换质量差的假币，一半真币能换来翻倍的假币。买进失去实质利益，卖出又不符合常理，百姓心里对此越来越疑惑。虽然针对铸造伪币的现象设立了法律，但货币质量参差不齐的状况和过去差不多。用真币会积压自己的商品，使得用钱人特别痛苦。《春秋》说：'政策比不上蛮夷就别推行。'所以君主对外不掌控山河资源以方便百姓自取，对内不禁止民间铸钱以方便商品交易流通。"

【论辩剖析】

　　货币政策关系到经济稳定和政权稳固，是本次辩论中的重要话题。西汉初期，汉文帝允许民间和郡国私自铸造货币，这带来不小的社会弊端，豪强借机掠夺民财，吴王、邓通等人靠此立威。在为国家政权稳定操劳的大夫眼里，铸币混乱是极不可取的，他们主张延续汉武帝时期的政策，禁止民间私铸货币，将资源和货币控制在朝廷手里，朝廷对资源进行分配，货币也统一发行。文学来自民间，他们看到这些政策推行过程中对百姓生活的负面影响，尤其是新货币发行时产生的交替不顺利、货币质量不合格等问题，造成了民众用钱的困扰，所以他们主张保留多种货币并行。双方观点分歧较大，是由于他们代表社会不同阶层的利益诉求。但从整体上而言，文学所关注的问题多是暂时的，对国家稳定发展而言，统一货币是非常重要的。

疏

关于货币要不要统一，大夫和文学的观点截然不同。商业发展过程中，聪明人谋取大部分利益以形成自己的势力，不听中央调遣；平庸者食不果腹，也不在意朝廷管制。针对这种情况，大夫提出朝廷一定要把控货币发行的权力，用货币作为基础手段，调控贫富差距，打压豪强势力过度膨胀，救济贫民，维持百姓日常生活。文学对此说法不以为然，甚至直接质疑货币权存在的合理性。百姓依靠农业而活，朝廷不发展商业就自然不会带头造成残酷的经济剥削。聪明人也无法牟取暴利，平庸者也能自给自足。如果朝廷放弃盐铁官营、均输商业等政策，自然也不用把控货币权力。

这段辩论中，文学讲"三王之治"，嘲讽当下朝廷带头倡导百姓追逐利益、背弃德义。大夫在如此严苛的指责下，奋力回击：汉文帝时期，朝廷不主动掌控暴利领域，结果诸侯私营盐铁、私铸货币，以此树立威信，中央失去民心。从社会现实来看，文学所说的理想境界根本无从实现，反而是中央掌控货币，才能让国家安定、百姓安居乐业。

其实，双方还是围绕货币权展开角逐，文学摆出各种观点无非是不同意货币权只属于中央，而大夫则强调必须由中央把控货币。其实，无论是从"货币私铸"的传统，还是从保障民风淳朴的角度出发，文学的观点都距离现实社会运行，乃至百姓生活过于遥远。

山海有禁，而民不倾；
贵贱有平，而民不疑

禁耕

论题解读：

经过前面"力耕""通有""错币"三大话题的反复交锋，大夫和文学发现根本无法劝服对方，进而又转移到"禁耕"话题上。大夫抨击文学"放权于民"的想法不切实际，会造成民众互相倾轧、钩心斗角。文学则把民间财富不均等、互相倾轧的问题归咎于盐铁官营等政策。"禁耕"本是谈论各种政策对农业的不良影响，然而，是"资本作乱"还是"官权失控"反而成为双方争论的重点。

集权于官，还是放权于民？

大夫曰："家人有宝器，尚函匣而藏之，况人主之山海乎？夫权利之处，必在深山穷泽之中，非豪民不能通其利。异时，盐铁未笼，布衣有朐邴[①]，人君有吴王，皆盐铁初议也。吴王专山泽之饶，薄赋其民，赈赡穷乏，以成私威。私威积而逆节之心作。夫不蚤绝其源而忧其末，若决吕梁，沛然，其所伤必多矣。太公曰：'一家害百家，百家害诸侯，诸侯害天下，王法禁之。'

今放民于权利，罢盐铁以资暴强，遂其贪心，众邪群聚，私门成党②，则强御日以不制，而并兼之徒③奸形成也。"

【注释】

① 布衣：普通百姓。朐邴（qú bǐng）：经营冶铁的富商。

② 党：朋党。

③ 并兼之徒：割据势力。

【译文】

　　大夫说："百姓有贵重宝藏，尚且放进箱柜里面珍藏，何况君主的万里河山呢？盛产盐铁等资源的地区一定是在大山深处、大河之内，百姓中除了富豪无法私自开采。以前，盐铁资源没有被朝廷垄断，平民里有朐邴这种依靠资源发家的人，君主中有吴王刘濞这样的人，他们的存在引发了对盐铁资源最初的争议。吴王刘濞独占山河产出的丰饶物产，对封国内的百姓征收很少的税，他赈济穷人，树立起私人威信。一旦诸侯树立起私人威信，则很容易产生叛乱。不早断开他树立威信的经济源头却只担忧他叛乱带来的后果，就如同掘开吕梁的决口，水势浩大，所伤害的民众一定很多。姜太公说：'一家祸害百家，百家祸害诸侯，诸侯祸害天下，这都是王法应该禁止的。'如果当下把私营盐铁的权力交给民众，废除盐铁官营等政策来帮助豪强发展，成全他们的贪婪，所有的奸诈邪恶之人聚齐，士族大户结党营私，那么对他们的势力的遏制最终会失效，各方势力割据作乱的局面终将形成。"

　　文学曰："民人藏于家，诸侯藏于国，天子藏于海内。故民人以垣墙为藏闭，天子以四海为匣匮①。天子适诸侯，升自阼阶，诸侯纳管键②，执策而听命，示莫为主也。是以王者不畜聚，下藏于民，远浮利，务民之义；义礼立，则民化上。若是，虽汤、武生存于世，无所容其虑。工商之事，欧冶之任，何奸之能成？三桓专鲁，六卿分晋③，不以盐铁。故权利深者，不在山海，在朝廷；一家害百家，在萧墙，而不在胡邡也。"

【注释】

①匣匮：箱子和柜子，储藏东西的地方。

②管键：城门钥匙。

③六卿分晋：春秋后期，晋国大夫范氏、中行氏、知氏、韩氏、赵氏、魏氏六卿把持朝政，架空晋室。六卿之间也相互斗争和兼并，最终导致韩、赵、魏"三家分晋"。

历史回眸：三桓专鲁

"三桓专鲁"事件中的"三桓"是指季孙氏、孟孙氏、叔孙氏。该词源自鲁庄公时期发生的故事。鲁桓公有四个儿子：鲁庄公、庆父、叔牙和季友。当时，鲁国的继承制是"一继一及"，也就是"父死子继"与"兄终弟及"轮流交替。鲁庄公本应传位于弟弟庆父，却打破制度，传位于自己的儿子。随后，庆父、叔牙发起内乱。季友帮助平定乱象，毒杀叔牙，又迫使庆父自绝。新上任的君主赏赐土地给季友和庆父、叔牙的后人，并赐他们为季孙氏、孟孙氏、叔孙氏。由于这些后人皆是鲁桓公的后代，史称三桓。

【译文】

文学说："百姓把珍重之物藏在家里，诸侯把财物藏在自己的领地里，天子则把财物藏在四海之内。因此平民把院墙作为箱笼，天子把天下当作橱柜。

天子驾临诸侯国，一定是从大堂前东阶登堂，诸侯主动上交城门钥匙，手握标明自己姓名、官职的策书，等待天子发号命令，不敢以主人自居。因此我们说君主不会积累财物，而是将其下放，储藏在民间，君主远离工商业带来的末利，用礼义道德去教化民众。礼义确立了，民众就会归顺于君主。如果能够这样，即使商汤、周武王活在世上，也不需忧虑。工商方面的事务，就像欧冶子那样铸铜炼铁，又能形成什么奸邪之事呢？三桓能在鲁国专权，范氏、中行氏、智氏、韩氏、赵氏、魏氏六卿能分管晋国大权，并不是凭借盐铁。所以权势财利深藏的地方，不在山林河海，而是在朝廷内部；一家能害百家，根源在萧墙内，而不在胸邠这样的富商身上。"

大夫曰："山海有禁而民不倾；贵贱有平而民不疑。县官设衡立准，人从所欲，虽使五尺童子适市，莫之能欺。今罢去之，则豪民擅其用而专其利。决市闾巷，高下在口吻，贵贱无常，端坐而民豪，是以养强①抑弱而藏于跖也。强养弱抑，则齐民消；若众秽之盛②而害五谷。一家害百家，不在胸邠，如何也？"

【注释】

① 养强：培养豪强势力。

② 众秽之盛：杂草茂盛的样子。

【译文】

大夫说："山林河海有了不能随意开发的禁令，民众就不会互相倾夺；万物价格贵贱有了统一标准，民众就不会产生疑惑。官府设立衡量器具，规定公平标准，人人都能称心如意，即使让五尺小儿去集市上，也没有人能够诓骗他。如果当下废除了盐铁官营和均输、平准等政策，那么豪强势力就会霸占资源，独占财利。市场物价由民间来定，物价高低全凭口说，东西贵贱没有确定的标准，他们端坐在家里就能发财成为富豪，这根本就是在培养豪强、打压普通百姓，将国家财物都藏于盗贼手里。培养地方豪强却打压普通百姓，民众利益必受损伤；就像杂草茂盛必然会影响五谷生长。一家伤害百家利益，不在于胸邴这样的富商，又怎么解释呢？"

文学曰："山海者，财用之宝路也。铁器者，农夫之死士也。死士用，则仇雠①灭；仇雠灭，则田野辟；田野辟而五谷熟。宝路开，则百姓赡而民用给，民用给则国富。国富而教之以礼，则行道有让，而工商不相豫，人怀敦朴以相接，而莫相利。夫秦、楚、燕、齐，土力不同，刚柔异势，巨小之用，居句之宜，党殊俗易②，各有所便。县官笼而一之，则铁器失其宜，而农民失其便。器用不便，则农夫罢于野而草莱不辟。草莱不辟，则民困乏。故盐冶之处，大傲皆依山川，近铁炭，其势咸远而作剧。郡中卒践更者，多不勘，责取庸代。县邑或以户口赋铁，而贱平其准。良家③以道次发僦运盐铁，烦费，百姓病苦之。愚④窃见一官之伤千里，未睹其在胸邴也。"

【注释】

① 仇雠（chóu）：本义仇敌，这里指杂草。

② 党殊俗易：不同地区风俗不一。

③ 良家：汉人对陇西等六郡中少数民族的特定称呼。

④ 愚：我，谦称。

【译文】

文学说："大山大海，是财富的宝贵来路。铁制器具，就是农民的敢死卫士。敢死卫士出动，田间小草这类敌人就会被消灭；敌人被消灭，田地就开垦好了；田地开垦好，五谷自然就丰收了。将财富的路开通，百姓生活自足，他们的财用自然够；民众生活富足则国家自然富裕。国家富有再以礼教化百姓，百姓在路上相遇自会互相谦让，工商业者也不会互相欺骗，人人怀着朴素的情感交往而不计较利益得失。秦、楚、燕、齐各处土地的生产力不同，土地的软硬程度不同，大大小小的农具各有用途，曲曲直直的工具都有适合的用处，不同地区风俗相异，每个地方都有自己的习惯。朝廷直接笼统地定下一个准则，铁质农具就会失去它因地制宜的用途，百姓也没有便利。农具不方便使用，农民在田地里疲惫不堪，但荒地野滩仍得不到开垦。野滩荒地不被开垦，那百姓生活就会困苦劳累。煮盐炼铁的地区，大多依山傍川，接近炼铁的煤炭地区，全都地势遥远且劳动强度大。各个郡县轮流服役的更卒多数无法承受这样的辛劳，官府下令让他们花钱雇人代为完成。个别郡县按照户口来征收生铁，却故意压低收购价格。六个郡的民众按照朝廷指定的道路依次花钱雇车雇人转运铁和盐，过程麻烦又费钱，百姓对此深感痛苦。我只看见一个官员就能伤害千里之内人民的生活，却不见胸郡引发了哪些灾祸。"

【论辩剖析】

大夫表示，如果将资源管理权力下放，百姓得不到好处，反而使得豪强诸侯占据资源，祸害百姓，干预朝政。文学回击，百姓和豪强不敢私吞资源，政局不稳主要是朝堂内部的问题，只有官侵害于民而少有民引发祸患。大夫坚持要由国家来把控资源的分配，如果没有统一的标准，民间会私自涨价，豪强会夺走百姓手里的财富。文学则列举现实，说明现在朝廷把控住资源，一切用具统一生产，百姓反而背上了沉重的劳役，郡县为完成上贡任务消耗极大，但生产出来的用具却不合适，影响农耕速度。与其让官员损害众多百姓，哪里比得上让百姓自由开采、自给自足呢？

疏

　　本章《禁耕》是在探讨资源分配的问题。被文学以"大义"抨击多次的大夫桑弘羊借力打力，开篇就模仿文学的辩论逻辑，占据道德高位。他指出，人人都想把珍重物品私藏，那坐拥天下的君主把财宝藏在民间即可。这里其实有个逻辑：天下资源在本质上是属于君主的，君主体恤民间而允许其开采，但民间的地方豪强却霸占这些物资，进而树立自己的权威，这才是不合适的。

　　这一说法源自古代"家天下"的思想，是维护君主权威的，若文学贸然反对，则是反对君主的权威。同时，桑弘羊尖锐地指出，放权于民，百姓的利益反而被豪强攫取，资本作乱挑衅中央会损害国家利益。文学避其锋芒，肯定了君权至上。但他们强调即使君主拥有一切，也不能置百姓不顾，无限扩张皇权、增加税收。君主巡视民间，哪个权贵不是恭恭敬敬，资本乱权更是无稽之谈。反而是皇权乱用、官府滥权、肆意压榨更伤害百姓。吴王作乱，凭借的是权力而非资本，或者说，资本结合权力才能作乱。大夫立刻回击，如果民间商人拥有产品并哄抬价格，照样会造成资源流向豪强，最后还是资本作乱。文学则认为，官府凭借自己的权力压榨百姓，苛税横行、权力失控导致的灾祸更是令百姓苦不堪言。

　　大夫与文学的辩论相当精彩，唇枪舌剑，集中抓住对方论据中的现实漏洞大力反击，让我们在看内容的同时体会到好的辩论带给人的思想上的启迪。他们灵光一现的思维火花，有理有据的辩论言语都让我们折服于辩论本身的魅力。

明者因时而变，知者随事而制

忧边

论题解读：

《忧边》谈论国防边境问题。在这个问题上，文学的观点是"远人不服，则修文德以来之"和"安民富国之道，在于反本"，主张君主要以德行服众，用德育感化敌人，而不是增加国防经费。但是在大夫等官员看来，痛击敌人，巩固边防，施行盐铁官营等政策充实国库，救助边境身处水深火热之中的百姓才是该做的。文学们的主张和当时与匈奴迫在眉睫的紧张关系并不符合，因此被道德指责的大夫反击文学"发于畎亩，出于穷巷，不知冰水之寒，若醉而新寤，殊不足与言也"。双方争执的焦点问题还是国家依靠垄断暴利行业来提供边防资金是否合理。

国家不可一日无防

大夫曰："文学言：'天下不平，庶国不宁，明王之忧也。'故王者之于天下，犹一室之中也，有一人不得其所，则谓之不乐。故民流溺而弗救，非惠君也。国家有难而不忧，非忠臣也。夫守节死难者，人臣之职也；衣食饥寒者，慈父之道也。今子弟远劳于外，人主为之夙夜不宁，群臣尽力毕议，册^①滋国用。故少府丞令^②请建酒榷，以赡边，给战士，拯民于难也。为人父兄者，岂可以已乎！内省衣食以恤在外者，犹未足，今又欲罢诸用，减奉边之费，未可为慈父贤兄也。"

【注释】

① 册：通"策"，策划。

② 少府丞令：少府是汉朝九卿之一，负责掌管池泽山海收入等事务，少府丞令是少府的属官。

【译文】

大夫说："文学说过：'天下不太平，诸侯国蠢蠢欲动，这都是英明君主所担忧的啊。'因此君主对于天下的作用，就像一屋中的主人啊，屋子里有一个人没有得到他所追求的，君主都会感到不快乐。因此，民众生活在水深火热之中，君主却不救助他们，这实在算不上明君。国家有灾祸却不对此感到担忧，这实在算不上忠臣。保守气节、为国捐躯，是身为臣子的责任；给饥寒交迫的孩子衣食，是慈爱的父亲该做的。当下，我们的子民在边境抵御外敌，皇帝为他们担忧到日夜不能安宁，所有的大臣竭力讨论对策，想增加财政收入以支持边防。因此少府属官申请建立酒类专卖的制度，来增加收入，补充边境费用，供养前方将士，拯救处在灾难中的民众。作为他人的父亲兄长，我们岂可以不闻不问！在内，我们节省衣食来供给在外的战士，尚且不足，如今你们又想废止盐铁官营、酒类专卖、均输平准等政策，缩减提供给边防的经费，你们怎么能算是慈父贤兄呢？"

文学曰："周之季末^①，天子微弱，诸侯力政，故国君不安，谋臣奔驰^②。

何者？敌国众而社稷危也。今九州同域，天下一统，陛下优游岩廊，览群臣极言至论，内咏《雅》《颂》，外鸣和銮，纯德粲然，并于唐、虞③，功烈流于子孙。夫蛮、貊之人，不食之地，何足以烦虑，而有战国之忧哉？若陛下不弃，加之以德，施之以惠，北夷必内向，款塞自至，然后以为胡制于外臣，即匈奴没齿④不食其所用矣。"

【注释】

① 季末：末世。

② 奔驰：到处奔走。

③ 并于唐、虞：意思是功德可与唐尧、虞舜相比。

④ 没齿：到老。

历史回眸：九州

《尚书·禹贡》载大禹治水成功之后，将中国划分为九州——冀州、兖州、青州、徐州、扬州、荆州、豫州、梁州、雍州。另外《尔雅》中有幽州与营州，没有青州和梁州；《周礼》中有幽州与并州，没有徐州和梁州。后来，九州成为古代中国的代称，又特指汉族地区，即称"汉地九州"。

【译文】

文学说："周朝末世，天子势力薄弱，诸侯之间互相武力攻伐，因此各位国君深感不安，谋臣在诸侯国间奔走游说。这是为什么呢？敌对国家太多导致江山社稷处于危难之中。如今九州同域，天下统一，皇帝在宫殿内悠闲自在，批阅群臣奏章上的诚恳建议，在宫殿内吟咏《雅》《颂》等名作，在宫外驾乘铃铛和鸣的马车，美好的德行如阳光般光辉灿烂，可与唐尧、虞舜媲美，君主的功业惠及后代子孙。那些蛮族的荒野之地，有什么值得我们烦恼以至于有战国时期君主的忧虑呢？如果陛下不嫌弃，赏赐给他们恩德，施加给他们仁惠，那么匈奴异族定会内向我朝打开边塞大门，自己来归附。然后君主把匈奴当作塞外之臣管制，这样匈奴到老也会不后悔他们的归顺。"

大夫曰："圣主思中国之未宁，北边之未安，使故廷尉评^①等问人间所疾苦，拯恤贫贱，周赡不足，群臣所宣^②明王之德，安宇内者，未得其纪，故问诸生。诸生议不干天则入渊，乃欲以闾里之治^③，而况国家之大事，亦不几矣！发于畎亩^④，出于穷巷，不知冰水之寒，若醉而新寤，殊不足与言也。"

【注释】

① 评：当作"平"，即王平，前任廷尉。

② 宣：宣布，传播。

③ 闾里之治：管理乡村的方法。闾，乡村。

④ 畎（quǎn）亩：田地，田间，指农村。

【译文】

大夫说："圣明君主考虑到中原尚未安定，边境尚未安宁，因此委派前任廷尉王平等人慰问民间疾苦，资助贫民，接济没有衣食的人。大臣们赞美圣明君主的德行，安抚天下人，尚且没有得到要领，由此询问诸位儒生。诸位儒生的建议不是上天就是下海，不切实际，想用治理乡村的办法管理国家大事，这也太不近情理了！出身乡村，来自穷巷，如同夏蝉不明白冬日河水的寒冷，你们好像醉酒刚醒一样迷糊，根本不值得我与你们辩论。"

文学曰："夫欲安国富民之道，在于反本①，本立而道生。顺天之理，因地之利，即不劳而功成。夫不修其源而事其流②，无本以统之，虽竭精神，尽思虑，无益于治。欲安之适足以危之，欲救之适足以败之。夫治乱之端，在于本末而已，不至劳其心而道可得也。孔子曰：'不通于论者难于言治，道不同者，不相与谋。'今公卿意有所倚③，故文学之言，不可用也。"

【注释】

① 反：通"返"，返回。本：根本，此处指儒家所说的为政之本，即"仁"。

② 源：源头。流：末流。

③ 倚：借作"踦"，这里指偏。

【译文】

文学说："想要寻求安民富国的路，在于要返回国家根本，根本一旦被确立，治国之道自然就形成了。如果我们顺应天理，利用地利，那不必经受劳苦就能大功告成。如果不抓住源头而一味地抓末流，缺乏根本来统领全国，即使我们竭尽精力，耗尽思绪，也无益于管理国家。这样的话，希望安定却只能招来祸患，希望拯救却只能引来失败。国家治乱的根本，在于分清根本与末枝而已，这样不用劳心费力就可以掌握治国之道。孔子曾说：'不明理的人很难和他讨论治国事务，信奉不同治国法理的人，无法在一起商讨国家大事。'如今大夫们思想有偏颇，因而我们文学的主张不被采纳。"

当和对方讲道理无法达成共识时，大夫和文学干脆利落地展开道德上的"攻讦"。大夫给文学扣上不顾及边塞军人死活的帽子，文学立刻回击，不打仗而用道德教化，哪来那么多受苦的军人。大夫对此直接上升到"人身攻击"，说文学像喝多的醉汉一样，目光短浅，不知敌人的凶恶。文学则表示大夫是心怀偏见的小人，不能接受更好的建议，因此与大夫"道不同不相为谋"。这段论辩中，或许是因为与边关将士生死攸关，双方的情绪都有些激动，明嘲暗讽对方的话语较多。

祖宗的制度真的不能动吗？

大夫曰："吾闻为人臣者尽忠以顺职，为人子者致孝以承业。君有非，则臣覆盖之。父有非，则子匿逃之。故君薨①，臣不变君之政，父没，则子不改父之道也。《春秋》讥毁泉台，为其隳②先祖之所为，而扬君父之恶也。今盐铁、均输，所从来久矣，而欲罢之，得无害先帝之功，而妨圣主之德乎？有司倚于忠孝之路，是道殊而不同于文学之谋也。"

【注释】

① 薨（hōng）：诸侯去世称作薨。

② 隳（huī）：摧毁，毁坏。

【译文】

　　大夫说："我听说身为人臣，应尽忠职守来完成自己的使命，身为人子，要恪守孝道并传承家业。君主有过错，臣子要帮助掩盖。父亲有过失，孩子要帮助藏匿。因此，自古先王去世，臣子也不改变其政策。父亲去世，儿子也不改变父亲的决定。《春秋》中讽刺鲁文公拆毁鲁庄公建筑的泉台，就是在宣扬先人的恶行啊。如今盐铁官营和均输政策，是施行很久的政策，你们却主张废除，岂不是在破坏先帝留下的功业，破坏当今圣主的美好德行？官员们主张这条忠孝的道路，我们由于道路不同以致和文学的主张不同。"

　　文学曰："明者因时而变，知①者随世而制。孔子曰：'麻冕，礼也；今也纯，俭，吾从众。'故圣人上②贤不离古，顺俗而不偏宜。鲁定公序昭穆，顺祖祢③，昭公废卿士，以省事节用，不可谓变祖之所为，而改父之道也？二世充大阿房以崇绪④，赵高增累秦法以广威，而未可谓忠臣孝子也。"

【注释】

①知：同"智"，这里是指智慧。

②上：同"尚"，崇尚。

③顺祖祢（mí）：理清祖庙的昭穆关系。

④崇绪：指传承秦始皇的功业。

【译文】

文学说："聪明人顺应时势而改变，智者顺应世道而管理。孔子说：'用麻料织造礼帽，这是合规矩的，当下大家都用丝料来制作，这样可以节约，我赞同这种做法。'由此圣明之人崇尚贤德不偏离古时礼仪，顺应俗礼却不偏向迎合时宜。鲁定公重新整理祖庙的昭穆次序，理清祖庙位置；鲁昭公废掉鲁襄公设置的中军卿士官职，以便减少事务，节省支出，这些不能说是更改祖宗制度，偏离了父辈规则。胡亥扩建阿房宫以延续秦始皇功业，赵高增设秦朝法令以提高自己的威信，他们不能被称作忠臣孝子。"

【论辩剖析】

大夫见到前面的论点被驳回，搬出祖先遗制不能改的理由，指责文学想废除盐铁官营等政策是不忠不孝的举动。文学则针锋相对地指出孔子就明确指出制度要合乎实际。历史上许多明君都曾及时改制。规矩不是一成不变的，重要的是合乎当下。既然合乎实际的改制没问题，那大夫说的改制是"不忠不孝"自然不成立。

疏

　　大夫首先发难，指责文学虽然强调君主担忧百姓安危、心系天下安定，却又对当下君主施行盐铁官营等政策大加批评。君主施行这些政策，根本的出发点就是保境安民，文学的指责本质上是置边境百姓的安危于不顾。双方的争论越来越激烈，在辩论过程中，上升到君主德行与国家安定关系的话题。

　　面对大夫的指责，文学巧妙回击，当下君主的德行已经非常完美了，比起武力征服，君主更应该依靠德行收服匈奴。面对文学"画大饼"式的观点，大夫回击：文学的想法太过理想，言语中透露着天真。到这里，我们大致可以想象双方"脸红脖子粗"的辩论现场了。

　　大夫被文学一贯的、理想化的观点彻底激怒，指责他们不切实际，文学又是如何应对的？他们把大夫对自己的批评归咎于偏见，认为大夫所谓的现实压力是由不注重道德仁政引发的，并怒斥对方不明事理。辩论进行到这里，文学显然是在用辩论技巧给大夫扣帽子，却没有注重现实，这种想法显然是有缺陷的。

　　我们必须结合当时的社会实情来看，文学反复提及德行这种说法，内在其实是一种反战思想。来自民间的文学深感战争带来的创伤，他们话里话外都透露出停战的想法。所以，看似"不切实际"的想法背后有更深层、更隐晦的原因。

　　大夫也知道文学内在的考量却未曾点破，转而换个角度，说盐铁官营等政策是先帝遗留下来的，私自更改是大逆不道。用"尊先帝"的道德高点来绑架文学。汉朝当时早已"罢黜百家，独尊儒术"，文学则搬出孔子观点，从另一个道德制高点来说明问题。孔子认为，聪明人要灵活应变，历史上的贤君能及时调整政策，这都是为国为民，何来大逆不道？

　　关于边境支援、边防储备的问题，文学、大夫始终没有达成统一。从我们当下的角度来看，国不可一日无防，边防事业绝不容破坏，大夫的深谋远虑值得赞扬，但文学对战争带来的破坏和带给百姓的沉重负担的考虑也是现实的。汉武帝时期出击周边少数民族，对外战争贯穿其在位的大部分时间，虽大大降低了少数民族尤其是匈奴对汉朝的威胁，但到了汉武帝晚期，国家经济已在崩溃的边缘。这也是召开盐铁会议的重要原因。

茂林之下无丰草，大块之间无美苗

轻重

论题解读:

　　本章的辩论过程较为波折，双方都存在一些失误，但又有"队友"及时拉回辩论主张。双方争论的核心点在于轻重，也就是政府垄断资源、调控经济到底可行吗？在辩论的过程中，又隐含"王权霸权"的治国理念问题。大夫齐上阵，坚持"轻重术"；文学则引经据典，从现实出发进行批驳，双方辩论有来有回。

历史回眸: 轻重

　　"轻重"一词源自管仲的"轻重术"，具体指政府对商品价格的起伏与流通进行操控，是有效的经济手段。管仲主张：在商品价格低时，政府收购囤积；在商品价格高时，政府抛出商品，以此来调节市场的供求。这是非常先进的治国理念。直到今天，这依然是很多国家调控经济的重要手段，由此可见古人的智慧。

轻重术，古代市场调控手段？

御史进曰："昔太公封于营丘，辟草莱①而居焉。地薄人少，于是通利末之道，极女工之巧。是以邻国交于齐，财畜②货殖，世为强国。管仲相桓公，袭先君之业，行轻重之变，南服强楚而霸诸侯。今大夫君③修太公、桓、管之术，总一盐铁，通山川之利而万物殖。是以县官用饶足，民不困乏④，本末并利，上下俱足。此筹计之所致，非独耕桑农也。"

【注释】

① 辟草莱：开垦荒地。

② 畜：通"蓄"，储蓄、积蓄。

③ 大夫君：汉朝人对御史大夫的惯称，这里指桑弘羊。

④ 困乏：贫困。

【译文】

御史进言说："昔日姜太公被周武王封于营丘之地，依靠开垦荒地才生活下来。齐国土地贫瘠，人口稀少，于是姜太公打通发展工商业的路径，充分发挥齐国妇女精于手工的优势。由此各邻国都与齐国加强贸易，国家财富资源才不断增加，齐国世代都很强盛。管仲辅佐齐桓公时，继承先帝的事业，依然施行轻重之术，根据物资供求关系来调控商品价格，南边战胜强大的楚国，称霸诸侯。如今大夫要继续推行姜太公、齐桓公、管仲等人的轻重之术，由朝廷统一管理盐铁资源，开采山林川泽的资源宝物，各种商品越来越多样。因此国库费用充足，百姓生活不再贫穷，农业根本和工商末利一起盈利，上下都很富足，这都是朝廷筹划谋取的，不是仅靠种田养蚕，专心农业就能做到。"

文学曰："礼义者，国之基也；而权利者，政之残也。孔子曰：'能以礼让为国乎？何有？'伊尹、太公以百里兴其君，管仲专①于桓公，以千乘之齐，而不能至于王②，其所务非也。故功名隳坏而道不济。当此之时，诸侯莫能以德，而争于公利，故以权相倾。今天下合为一家，利末恶欲行？淫巧恶欲施？大夫君以心计策国用，构诸侯，参以酒榷，咸阳、孔仅增以盐铁，江充、杨可之等，各以锋锐，言利末之事析秋毫③，可为④无间矣。非特管仲设九府，徼山海也。然而国家衰耗，城廓空虚。故非特崇仁义无以化民，非力本农无以富邦也。"

【注释】

① 专：专权，这里指独受君主信任。

② 王：王道，指君主以德服人的政策。相对应的是"霸道"。

③ 秋毫：动物秋天所换的细毛，这里指极微小的事务。

④ 为：通"谓"，可以说是。

历史回眸：巫蛊之乱

江充作为"巫蛊之乱"的始作俑者，后人对其评价褒贬不一。然而，"巫蛊之乱"事件的发展其实远出乎汉武帝、江充等人的预料。江充作为汉武帝时期的重臣，为官清廉公正，对百姓十分体恤。他在严厉打击贪官时，无意间与太子刘据产生摩擦。汉武帝对太子心生忌惮时，江充借机搞出"巫蛊邪术"栽赃太子。当江充奉旨前来时，太子误以为汉武帝要下令诛杀自己，因而奋起反抗。然而江充并不是奉命诛杀太子，更没有料到太子会反抗。混乱中，有心之人将太子的反抗描述成叛变，引得汉武帝震怒。而太子、太后和江充都在混战中身亡，这对晚年的汉武帝是个巨大的打击。江充也没料到事情会这样发展，以致自己身死后被迁怒灭族。

历史回眸：杨可告缗

汉武帝时期，为筹备国防经费，汉武帝下令施行"告缗令"，就是对富商巨贾征收财产税。为避免部分富商藏匿和虚报财产，朝廷鼓励民众积极检举，并在没收虚报者全部家产后奖励一半给检举者。杨可是负责此事的官员，在他的主持下，这项工作进行了十年之久。历史学家称之为"杨可告缗"。这项政策为汉武帝北击匈奴、扩大版图提供了资金，明显改善了国家经济。但同时，人人互相检举的行为导致商人不安乃至人人自危，西汉朝廷的公信力在民间受损。而且这一举措打击了民营商业，并导致大夫所叙述的暴利行业全由政府垄断的现象。

【译文】

文学说："礼法是国家的基石，而权势财利是为政的残贼。孔子说过：'能够凭借礼让治理好国家吗？这有什么难的呢？'伊尹、姜太公依仗商朝、周朝几百里封地就使君主的国家兴盛，而管仲独得齐桓公的信任，凭借齐国的千辆兵车，仍不能践行王道，这就是因为他施行的政策有误，以致功名尽毁，他的政治主张也无法实现。那个时代，各诸侯都不能以德施政，所有人争权夺利，凭借各自的权势互相倾轧。如今天下一家，为什么还要追逐工商末利呢？怎么还一味追求工艺技巧的精进呢？大夫竭尽心机，谋划国家财政费用，与诸侯势力结怨，加上酒类专卖，咸阳、孔仅又提议增设盐铁官营，江充、杨可这样的人，都各有犀利的政治锋芒，讨论起工商末利之事，可以说是明察秋毫，不留一点破绽。他们施行的政策比起管仲设置九府、搜刮山河财产，可以说是有过之而无不及啊。但是国家已经衰弱损耗，城郭空虚。因此再不推行仁政就无法教化民众，不大力务农就无法使国家强盛。"

御史曰："水有猵獭^①而池鱼劳，国有强御而齐民消。故茂林之下无丰草，大块之间无美苗。夫理国之道，除秽^②锄豪，然后百姓均平，各安其宇。张廷尉论定律令，明法以绳天下，诛奸猾，绝并兼之徒，而强不凌弱，众不暴寡。大夫君运筹策，建国用，笼^③天下盐铁诸利，以排富商大贾，买官赎罪，损有余，补不足，以齐^④黎民。是以兵革东西征伐，赋敛不增而用足。夫损益之事，贤者所睹，非众人之所知也。"

【注释】

① 猵獭（biān tǎ）：水獭的一种，以食鱼为生。
② 秽：杂草，这里比喻豪强。
③ 笼：指将天下诸利统一管理。
④ 齐：平均财富。

【译文】

御史说："水中有猵獭而导致池鱼遭殃，国家因为有豪强而导致百姓受苦。因此茂盛的树林下长不出丰美的草原，大土块上长不出好的秧苗。治理国家的办法，在于除去豪强，然后将资源财富均分给百姓，让百姓安居乐业。张汤廷尉讨论定下律令，严明法律来绳正天下人，诛杀奸诈滑头之人，灭掉兼并他人利益的豪强，强者不再欺凌弱者，多数人不再欺负少数人。大夫出谋划策，设立增加国家财用的机构，统一把控盐铁等行业的利润，来打击富商巨贾，允许民众用钱买官、赎罪，减损资源多的补齐资源不足的，由此均衡百姓的财富。因此军队东西征伐，赋税不加重却军费充足。这种损害豪强、有利百姓的行为，贤明之人才可看清，不是人人都能明白的。"

大夫的队友加入辩论，举姜太公、管仲在齐国发展商业经济的举措来说明施行盐铁官营等措施有利于经济。文学反击，指出齐国最终也是被管仲的政策拖垮，为什么不吸取教训呢？一味地推行"霸道"，国家掌控金融，江充、杨可之流带来的损害还不多吗？这里我们要结合历史上"杨可告缗"严重损害民间商业乃至国家经济的角度，去理解文学的观点。双方的"轻重"之辩中文学占据上风。尽管御史补充说施行盐铁官营是为了打击豪强、均衡贫富，然而这样的论说在现实面前也显得有些乏力。毕竟，这些政策摧毁民间商业、带坏社会风气的事实是摆在当时所有人面前的。

医人难，医国更难

文学曰："扁鹊抚息脉而知疾所由生，阳气盛，则损之而调阴，寒气盛，则损之而调阳，是以气脉调和，而邪气无所留矣。夫拙医不知脉理之腠[1]，血气之分，妄刺而无益于疾，伤肌肤而已矣。今欲损有余，补不足，富者愈富，贫者愈贫矣。严法任刑，欲以禁暴止奸，而奸犹不止，意者非扁鹊之用针石[2]，故众人未得其职也。"

【注释】

[1] 脉理之腠（còu）：脉理分布。腠，肌肉纹理。

[2] 针石：针灸专用的石针。

文学说："扁鹊抚摸病人脉搏就知道因为什么生病，阳气过重，就损耗它来调和阴气，寒气过重，就损耗它来调和阳气，因此气血脉搏调和，而邪恶之气无法存留。愚笨的医生却不懂人体脉理的分布、气血的不同，拿着石针乱扎却对疾病毫无益处，只不过伤害皮肤罢了。如今朝廷的政策想要减损多的、补齐不足的，但实际上富有的人更富有，贫困的人更贫困。施行严酷法度放任重刑，想要以此禁止暴力出现、止住奸佞行为，但是奸佞并没有停止，我猜想你们不是用的扁鹊那种石针，因此多数人没能得到合适的治疗。"

御史曰："周之建国也，盖千八百诸侯。其后，强吞弱，大兼小，并为六国。六国连兵结难数百年，内拒敌国，外攘四夷。由此观之：兵甲不休，战伐不乏，军旅外奉，仓库内实。今以天下之富，海内之财，百郡之贡，非特齐、楚之畜，赵、魏之库也。计委量入，虽急用之，宜无乏绝之时。顾大农等以术体躬稼，则后稷之烈，军四出而用不继，非天之财少也？用针石，调阴阳①，均有无，补不足，亦非也？上大夫君与治粟都尉管领大农事，灸刺稽滞②，开利百脉，是以万物流通，而县官富实。当此之时，四方征暴乱，车甲之费，克获之赏，以亿万计，皆赡大司农。此者扁鹊之力，而盐铁之福也。"

【注释】

① 调阴阳："阴阳"二字原文未写，后人据王利器说校补。
② 灸刺稽滞：用针灸治疗淤堵。

【译文】

御史说："周朝建国时，大概有一千八百个诸侯国。后来，强者兼并弱者，大国吞并小国，逐步合并为山东六国。六国组织军队打了几百年仗，对内击退敌对国家，对外攘除周边少数民族。由此可见，虽然军队打仗不停，战争攻伐不止，但军费及时供给，国内仓库充实。如今凭借天下财富、四海财产、几百个郡县的上贡，汉朝的积累已经不是齐国、鲁国的积蓄所能比，也不是赵国、魏国的库存能相提并论的了。计算收入、衡量进账，即使遇上急用支出，也应该没有用尽的时候。大司农等官员依照古代规矩亲自体验耕种活动，效仿后稷的功业。军队四面打仗，军费无以维持，这难道不是因为天子的财富不够吗？用石针治病，调平阴阳之气，平均百姓有无，补足不足的，这难道有错吗？上大夫凭借治粟都尉的身份兼任大司农的责任，用针灸治疗淤堵病症，使血脉通畅，因此世间万物得以流通，朝廷富足充实。正在这时，天下征讨暴动乱象，车马盔甲的军费，打败敌人获得的赏赐，要按照亿万金钱来计数，这些全部都仰仗大司农供给。这就是扁鹊的功力，也是盐铁官营带来的好处。"

文学曰："边郡山居谷处，阴阳不和，寒冻裂地，冲风飘卤，沙石凝积，地势无所宜。中国，天地之中，阴阳之际也，日月经其南，斗极出其北，含众和之气，产育庶物。今去①而侵边，多斥不毛②寒苦之地，是犹弃江皋③河滨，而田于岭阪菹泽④也。转仓廪之委，飞府库之财，以给边民。中国困于繇赋，边民苦于戍御。力耕不便种籴⑤，无桑麻之利，仰中国丝絮而后衣之，皮裘蒙毛，曾不足盖形，夏不失复，冬不离窟，父子夫妇内藏于专室土圜⑥之中。中外空虚，扁鹊何力？而盐铁何福也？"

【注释】

①去：离开中原。

②斥：开拓。不毛：荒地，不生长任何植物的土地。毛，指植物。

③江皋（gāo）：江边的高地。

④菹（zū）泽：长满水草的沼泽。

⑤种籴（dí）：购买种子。籴，买粮。

⑥土圜（huán）：四面用土墙盖的房子。

【译文】

文学说："边塞的郡县处在深山巨谷里，阴阳不调，寒冷的天气把地面都冻裂开，狂风卷起盐碱土，沙土石头凝聚，它们的地理位置没有一点儿优势。中原处于天地中央，是阴阳交汇的地方，太阳、月亮流转过它的南方，北斗星、北极星闪耀于它的北方，拥有万物调和的天然气候，可以生长、孕育一切。如今我们离开中原去夺取边境的地方，大力开拓寸草不生的荒凉土地，这和抛弃江岸上肥硕的土地，却去山坡和沼泽地上种田有什么两样。转运粮仓里的存粮，火速转运国库中的金钱，来供养边境的民众。中原人民被繁重的徭役赋税困累，边境人民因防御战争而困苦。在边境即使竭力耕种也抵不上买种子的费用，更没有种植桑麻等农作物的便利，全部仰仗中原地区供给的丝织品和棉絮才能穿上衣服，穿动物皮毛，却不足以完全盖住自己的身体，夏天脱不掉夹衣，冬天离不开小屋。父子夫妇都躲藏在专门的小土房子中。国家内外都虚空，扁鹊又有什么功力呢？盐铁官营又带来什么福利呢？"

【论辩剖析】

对于御史的说辞，文学更进一步揭露当时激烈的社会矛盾：大夫主张的政策在施行中加剧了贫富差距，根本没起到好作用。文学还嘲讽对方想学扁鹊，却没有扁鹊"药到病除"的本领。这里我们能明显感觉出大夫阵营的御史辩论技巧比不上他的队友桑弘羊。面对文学的反击，他想证明己方主张——施行这些政策是合理的，但其实在辩论中，一旦陷入自证的逻辑，往往有口难辩、力不从心。果然，文学还是依据他们了解的现实，嘲讽对方讲的都是空洞的道理，并不能真正有利于民。

疏

在本章《轻重》中，双方争论的焦点是"朝廷是否应该把控商业命脉"。这不仅是经济层面的交锋，更是施政思想的斗争。延续汉武帝时的"霸道"政策，国家施行盐铁官营等政策，掌控经济，打压民间势力的发展，调控国内资源……这些施政思想从国家层面上看很不错，但实际施行时带来的弊端、灾祸也是十分严重的。官府压榨、贫富差距拉大等负面影响，正是文学反对这些政策的缘由。文学始终想要"停战""废除盐铁制度"，无非是要施行"王道"和"德政"，给百姓减轻压力。如此一来，代表不同利益的双方互不相让。

御史以齐国发展商业振兴经济为例，想佐证西汉经济发展得这么有活力，都是因为实行盐铁官营等政策。而文学则回应：齐国在管仲的"轻重术"制衡下，最终也未能行好王道。

文学说大夫的"轻重术"像不懂医术的人模仿扁鹊，反而是在伤害百姓。御史则自证自施行盐铁官营等政策以来，朝廷富足，有物资抗击匈奴，这都是"轻重术"的功劳。文学则表示中原百姓忙着耕作，边境百姓忙着打仗，大家疲惫不堪，生活艰苦，这些政策有何功劳？

在这一章的辩论中，文学整体上占据了辩论场上的优势。或许在前面几章，我们会对文学一味理想化的主张不满，但读过这章，我们能更加了解民间疾苦与百姓的呼声。他们需要御敌保和平，更需要朝廷休养生息、关心民生。所以，"盐铁论"的辩论才会在历史上如此有名，它不仅展现了辩论双方高超的辩论技巧，更体现出古代社会治理的根本问题：过度强调"霸道"会伤及百姓。

林中多疾风，富贵多谀言

国疾

论题解读：

《国疾》探讨汉朝的时弊。尖锐的现实话题自然让双方辩论时情绪高涨。甚至大规模互相嘲讽，气得大夫语塞。丞相出面"各打五十大板"才平息局面。文学的观点是非常鲜明的，他们指出盐铁官营等政策施行这么久，百姓贫困劳苦而官员财富增长，王权扩张后，酷吏盛行，他们滥杀无辜，对百姓造成巨大伤害。这些观点是非常现实的，体现了文学、贤良"为民请命"的正直勇敢的态度。但我们也要从大夫的批评中看出：永葆民风淳朴是能避开当下面临的一些乱象，但摒弃国家发展需求的思想也弊病繁多。

真理需要争吵

文学曰："国有贤士而不用，非士之过，有国者之耻。孔子大圣也，诸侯莫能用，当小位于鲁，三月，不令而行，不禁而止，沛①若时雨之灌万物，莫不兴起也。况乎位天下②之本朝，而施圣主之德音教泽乎？今公卿处尊位，执天下之要，十有余年，功德不施于天下，而勤劳于百姓，百姓贫陋困穷，而私家累万金。此君子所耻，而《伐檀》所刺也。昔者，商鞅相秦，后礼让，先贪鄙，尚③首功，务进取，无德厚于民，而严刑罚于国，俗日坏而民滋怨，故惠王烹菹④其身，以谢天下。当此之时，亦不能论事矣。今执政患儒贫贱而多言，儒亦忧执事富贵而多患也。"

【注释】

① 沛：丰沛。

② 位天下：坐在掌控天下人的位置上。

③ 尚：同"上"，在古代，斩首敌人多为上功。

④ 烹：将人投到锅里煮死，古代酷刑之一。菹（zū）：将人剁成肉酱，古代酷刑之一。此处是文学故意夸大其词。

【译文】

　　文学说："国家有贤才却不任用，这不是贤才的过错，而是国家的耻辱。孔子是大圣人，诸侯却没人能善用他，他曾经在鲁国担任小官，上任才三个月，就能实现不用下命令就可以推行好事，不用禁止坏的行为就能够自然消失，鲁国的发展像及时雨灌溉世间万物，万物没有不蓬勃生长的。何况处在执政者位置上的当今朝廷，施行英明君主的仁德之音、教化恩泽呢？当今各位公卿身处尊贵的位置，执掌天下的权力，十多年了，你们的英明功德没有施行于天下人身上，却使得百姓更加辛劳困苦，百姓的生活贫困潦倒，而官员家里积累了大量财富。这是让君子感到羞耻的行径，也是《诗经·魏风·伐檀》批判嘲讽的。过去，商鞅作为秦朝的丞相，把礼让放在后，把贪鄙放在前，崇尚战场上砍下他人头颅的首功，推崇掠夺豪取，对民众没有恩德褒奖，在秦国施行严酷法典，旧日淳朴的风俗被破坏，导致民间滋生怨气，因此秦惠王将他烹煮成肉酱，来向天下人谢罪。那个时候，商鞅也不能议论国事了。如今执政者害怕儒生因出身贫贱而担忧太多，儒生也同样害怕你们因富贵而多生祸患。"

大夫视文学，悒悒①而不言也。

丞相史曰："夫辩国家之政事，论执政之得失，何不徐徐道理相喻，何至切切如此乎！大夫难罢盐铁者，非有私也，忧国家之用，边境之费也。诸生闾阎②争盐铁，亦非为己也，欲反之于古而辅成仁义也。二者各有所宗，时世异务，又安可坚任古术而非今之理也。且夫《小雅》非人，必有以易之。诸生若有能安集国中，怀来远方，使边境无寇虏之灾，租税尽为诸生除之，何况盐铁、均输乎！所以贵术儒者，贵其处谦推让，以道尽人。今辩讼愕愕③然，无赤、赐之辞，而见鄙倍④之色，非所闻也。大夫言过，而诸生亦如之，诸生不直谢大夫耳。"

【注释】

① 悒悒（yì）：快快不乐。
② 闾阎（yín）：正直端庄。
③ 愕愕（è）：通"鄂鄂"，直言争辩的样子。
④ 倍：通"背"，无礼的样子。

【译文】

大夫看着文学，闷闷不乐，不再开口。

丞相史说："我们讨论国家的政事，谈论执政的得与失，为什么不慢慢讲清道理，哪里至于言辞急切到这种程度呢！大夫不同意废除盐铁制度，不是怀有私心，而是担忧国家的经费，边防的军费。儒生言辞恳切地争论盐铁制度的存留，也不是为了自己，只是想恢复古代那种藏富于民的传统，辅佐君主成全仁政。你们双方都有一定的理由，现在时代不同、事务有别，又怎么能坚持古代的治理办法而否定今天的事理呢？何况《诗经·小雅》中提出要想批评他人，就要提出更合理的办法去替代不好的政策。各位儒生如果有办法安定、凝聚国内的民众，使得远方异族归顺，让边塞没有敌人引起的灾祸，目前国家征收的租税都能为你们免除，何况盐铁官营、均输平衡呢！大家之所以尊敬儒生，是尊敬他们谦让有礼，能以理服人。当下你们双方辩论，每个人都激烈争辩，毫无公西赤、端木赐的言辞风度，却满是粗鄙无礼的神色，这不是我们以往听说的儒生风度。大夫话说得有些过头，但诸位儒生也是这样，儒生何不向大夫致歉呢？"

[论辩剖析]

想要了解为什么文学集体攻击大夫，我们就要回顾前章内容。大夫口不择言，说孔子的治国理想过时了，导致文学先是抨击大夫胡言乱语，表明孔子不得重用是鲁国的不幸，然后话题一转，抨击大夫权臣身处高位，实行的政策祸害百姓却富足自己。上一个如此严酷的商鞅都被杀了，为什么今天大夫权贵却依然敢违背民心？大夫觉得文学来自乡野，看不清局势；文学觉得大夫身处高位，想法过激。这一番言论足够展现文学内心的愤怒，他们完全放弃辩论的风度，痛批大夫的行为带来的恶果。直接把在座的大夫权贵气到不再言语，足见会议此刻紧张的氛围。丞相只能站出来打圆场，批评文学刚才的言论太激进，大家商议国事的出发点都是好的，大夫是为边防担忧，文学是操心百姓艰苦，文学不能粗鄙无礼，大夫也不应该批评文学见识短浅。我们能明显体会到辩论双方逐渐失去了耐心，刚开始辩论时的就事论事、有来有往被打破了，都纷纷严厉指责对方的不当之处。

大夫"离间计"无处施展

贤良、文学皆离席[①]曰:"鄙人固陋,希涉大庭,狂言多不称,以逆执事。夫药酒苦于口而利于病,忠言逆于耳而利于行。故愕愕者福也,訑訑[②]者贼也。林中多疾风,富贵多谀言。万里之朝,日闻唯唯[③],而后闻诸生之愕愕,此乃公卿之良药针石。"

【注释】

① 离席:离开自己的座位,这里是辩论双方互相尊敬的表现。

②訑訑(jiàn):巧舌如簧的样子。

③唯唯:唯唯诺诺的样子。

【译文】

贤良、文学都起身离开座位说:"我们这些人固执粗鄙,较少涉及朝堂大事,口出狂言多有不合适的地方,因此忤逆了大夫。然而良药虽然苦口但有利于治病,忠言虽然逆耳但有利于行动。因此有直言争辩的人才是朝廷的福气,有巧舌如簧的人才是朝廷的不幸啊。树林里多有大风,权贵者常听阿谀奉承的话。统筹万里江山的朝廷,每天都只能听到唯唯诺诺的附和话语,而今天听到儒生的直言争辩,这才是各位公卿的良药、银针、砭石啊。"

大夫色少[①]宽,面文学而苏贤良曰:"穷巷多曲辩,而寡见者难喻。文学守死溟涬[②]之语,而终不移。夫往古之事,昔有之语,已可睹矣。今以近世观之,自以目有所见,耳有所闻,世殊而事异。文、景之际,建元之始,民朴而归本，吏廉而自重，殷殷屯屯③，人衍而家富。今政非改而教非易也，何世之弥薄而俗之滋衰也！吏即少廉，民即寡耻，刑非诛恶，而奸犹不止。世人有言：'鄙儒不如都士。'文学皆出山东，希涉④大论。子大夫论京师之日久，愿分明政治得失之事，故所以然者也。"

【注释】

① 少：通"稍"，稍微。
② 溟涬（mǐng xìng）：漫无边际的样子。
③ 屯屯（zhūn）：充盈、繁多的样子。
④ 希涉：极少涉及。

【译文】

大夫的神色稍有缓和，背朝着文学对贤良说："穷困陋巷多出诡辩之言，见识少的人难以理喻。文学死守自己那漫无边际的言语，却始终不肯做出改变。过去的事情，前人的话语，我们都已经看过。如今用当下的事情观察，自然有所见识，有所听闻，时代不同，事情也变了。文帝、景帝时期，建元初年，民众朴实，重视农耕本业，官吏清廉且看重自己的名声，国家财富多，囤积粮食丰富，人人都富有，家家都富足。当今政令未变且教化没改，为何世风日下、民风衰弱呢？官吏很少清廉，民众少有羞恶心，处罚为非作歹，诛杀邪恶，却不能禁止奸恶发生。世人说：'粗鄙儒生比不上都市人士。'文学来自崤山以东，极少涉及大道理。各位贤良人士在京城谈论政治已经很久了，希望你们能分辨清楚当下政策的得与失，说出以上情况的根本原因。"

贤良曰："夫山东天下之腹心，贤士之战场也。高皇帝龙飞凤举于宋、楚之间，山东子弟萧、曹、樊、郦、滕、灌之属为辅，虽即异世，亦既闳夭、太颠而已。禹出西羌，文王生北夷，然圣德高世，有万人之才，负迭①群之任。

出入都市，一旦不知返，数然后终于厮役而已。仆虽不生长京师，才驽下愚，不足与大议。窃以所闻闾里长老之言，往者，常民衣服温暖而不靡，器质朴牢而致用，衣足以蔽体，器足以便事，马足以易步，车足以自载，酒足以合欢而不湛^②，乐足以理心而不淫，入无宴乐之闻，出无佚游之观，行即负赢^③，止则锄耘，用约而财饶，本修而民富，送死哀而不华，养生适而不奢，大臣正而无欲，执政宽而不苛；故黎民宁其性，百吏保其官。建元之始，崇文修德，天下乂安^④。"

【注释】

① 迭：通"轶"，超出。

② 湛：通"沉"，沉溺。

③ 负赢：负担。

④ 乂（yì）安：太平。

【译文】

贤良说："崤山以东是天下中心，贤才的战场。高祖皇帝如龙凤飞举一样在宋、楚之间兴起霸业，崤山以东的子弟萧何、曹参、樊哙、郦食其、夏侯婴、灌婴之辈为辅佐大臣，即使不生存在同一个朝代，也可被称作秦末汉初的闳天、太颠这样的人才。夏禹出身西羌，周文王生于北夷，然而他们拥有的神圣品德远高于世人，有超越万人的才能，肩负超群的责任。有的人出入都市，但一旦他们不懂得回归仁义根本，长此以往，最终只能沦为奴仆而已。我们即使不是生长于京城，才华平庸，是愚人，不足以参与国家大事的讨论，但私下听过乡里老人说的道理。以前，平民百姓衣服温暖却不奢侈，所用器具材质朴实但牢固耐用，衣服足够遮掩躯体，器物能够满足基本使用需求，马匹可以代步，车马供给自己乘坐，酒能使人聚会尽情欢乐却不沉湎其中，乐曲足够调整身心却不使人荒淫，回家没有宴请欢乐的音乐，外出没有奢靡壮观的景色，百姓出行就背负竹笼、肩挑扁担，在家就耕地除草，吃穿用度很俭约却积累了很多财富。农业得到重视使得百姓富有，送别死者的家属哀伤却不看重葬礼有多奢华，百姓养生也有合适的尺度而不奢侈，臣子正直而没有贪欲，统治者执政宽容而不严苛。因此，百姓平静安宁，百官恪尽职守。汉武帝建元初年，朝廷推崇文治教化，修明政策，天下太平。"

"其后，邪臣各以伎艺，亏乱至治，外障山海，内兴诸利[1]。杨可告缗，江充禁服，张大夫革令，杜周治狱，罚赎科适[2]，微细并行，不可胜载。夏兰之属妄搏，王温舒之徒妄杀，残吏萌起，扰乱良民。当此之时，百姓不保其首领，豪富莫必其族姓。圣主觉焉，乃刑戮充等，诛灭残贼，以杀死罪之怨，塞天下之责，然居民肆然复安。然其祸累世不复，疮痍至今未息。故百官尚有残贼之政，而强宰尚有强夺之心。大臣擅权而击断，豪猾多党而侵陵，富贵奢侈，贫贱篡杀，女工难成而易弊，车器难就而易败，车不累期[3]，器不终岁，一车千石，一衣十钟。常民文杯画案，机席缉軒[4]，婢妾衣纨履丝，匹庶粺饭[5]肉食。"

【注释】

① 诸利：指盐铁官营、均输、平准、算缗、告缗等政策。

② 罚赎：罚款赎罪。科：判罪。适：通"谪"。

③ 累期（jī）：两年。期，一年。

④ 缉軒（xiè）：通"杂遝"，形容酒宴丰盛的样子。

⑤ 粺（bài）饭：精米。粺，古代的精米。

历史回眸：王温舒"以杀立威，以酷行贪"

王温舒是汉武帝时期有名的酷吏贪官。由于汉武帝时期加强政治、经济的中央集权，需要一大批官员敢于行事、力推改革。于是，大量精干官员得到提拔，但其中也有一些酷吏却因做事果断、敢于镇压反抗者而被提拔。王温舒文化程度不高，却深谙人情世故，他在推行新举措的过程中，对权势贵族讨好谄媚，对无权无势的富商百姓严刑酷法。王温舒不辨是非，污蔑他人，常对无辜之人加以重刑，并且靠着酷吏名头大肆敛财，成为当时有名的贪官。但最终，他的罪行被人揭发，汉武帝下令诛杀其五族。

【译文】

"可后来，奸臣各自施展自己的手腕，破坏社会安宁，他们对外垄断国家的山河资源，对内置办各种牟利机构。杨可主持告缗，江充禁止百姓穿华丽衣服，张汤主持法令的更改，杜周负责刑事案件，罚款、赎罪、判刑、贬谪，犯了极小错误的人也不放过，冤假错案史书都记载不完。酷吏夏兰等人滥抓百姓，中尉王温舒等人随意逮捕、残害民众，残暴酷吏多到数不清，打乱了百姓的正常生活。那种情况下，百姓保不住自己的生命，豪强大族保不住家族人的性命。圣明的先帝察觉到这种乱象，下令诛杀江充等奸贼，诛灭残害人命的逆贼，由此减缓天下人对酷吏滥杀无辜的怨念，堵住了天下人指责的言语，如此民众明显归于平静生活。但是以前留下的祸患多年没有消除，人心里的创伤没有得到安抚。因此官员还想施行严酷法度，强势宰相仍然想夺走百姓利益。官员专政，随意刑罚、残害人民，各地豪强势力结党营私，鱼肉百姓，权贵生活奢靡无度，贫困者靠抢劫杀人活命。妇女手工制品制作不易却被轻易毁掉，车辆器具难以制造却被损毁，车辆使用寿命不超过两年，器具使用寿命不超过一年，一辆车值千百石粮食，一件衣服值十钟好米。平民在酒杯上画纹，在几案上画图，桌子上摆的酒席非常丰盛，仆人穿锦衣华服，平民吃好米和肉菜。"

"里有俗，党有场，康庄驰逐，穷巷蹋鞠①，秉耒抱臿②、躬耕身织者寡，聚要敛容、傅白黛青者众。无而为有，贫而强夸，文表无里，纨袴枲装③，生不养，死厚送，葬死殚家④，遣女满车，富者欲过，贫者欲及，富者空减，贫者称贷。是以民年急而岁促，贫即寡耻，乏即少廉，此所以刑非诛恶而奸犹不止也。故国有严急之征，即生散不足之疾矣。"

【注释】

① 蹋鞠（tà jū）：古代习武者练习的游戏之一。

② 耒（lěi）、臿（chā）：西汉时期的两种耕种农具。

③ 枲（xǐ）装：里面装的是牡麻。

④ 殚（dān）家：耗尽家产。殚，耗尽，竭尽。

【译文】

"里巷有自己的风俗，乡党有自己的活动场所，大家在宽广大道上骑马奔驰，简陋小巷的人们玩蹋鞠游戏，手拿着耒臿农具，亲自耕地种田的人很少，系束腰整容表、抹白粉画青眉的人增多。没有的强装拥有，贫困的强装富有。面子美丽却没有里子，绸裤里装的是牡麻。子女在父母生前不赡养，死后却举行隆重的葬礼。埋葬一个去世的人几乎耗尽全家的财产，出嫁的女儿要备好满车的嫁妆。富有人家想超规格置办，贫困人家想要达到普通规格，结果富有的人倾家荡产，贫困的人靠借贷生活。因此，民众一年比一年穷困，贫困导致人民少有廉耻心，这就是为什么朝廷用刑法惩戒罪恶但奸诈之事仍然不少的原因。因此说国家严厉急迫地征收税钱，就会导致百姓财富不够使用的情况。"

【论辩剖析】

　　丞相指责后，文学暂时平静下来，并向大夫致歉。备受嘲讽的大夫们气呼呼地表示：文学粗鄙，贤良见多识广，请他们来分析对错。本想着能获得贤良理解的大夫，却接着承受了新的攻击。贤良火力全开，先是对大夫嘲讽文学出身低微提出反对，毕竟就连汉高祖刘邦都是出身低微。这是在嘲讽大夫骄傲自大。然后贤良转回议题，继续阐述文学的话，列举民间乱象来批评大夫推行政策带来的祸患。暴政酷吏，借着皇权残害百姓，汉武帝及时阻止才平息了民间怒火。但是这种风气始终没有得到根本改变，后来官员依然仗势欺人，民风民俗越来越差，百姓发觉生产劳动不能保住美好生活，干脆懒惰犯罪，这种不良循环导致乱象横生。这一系列话语再次回击大夫的观点，也更明确指出民间所希望的休养生息并不只是简单地施行孔子的理想，更多的是百姓深受疾苦的现实需求。

疏

本章辩论的火药味浓厚，章标题"国疾"表明双方在谈论西汉的时弊。大夫表示既然文学、贤良要废除盐铁官营制度，那就提出更好的治国良方。文学一再批评盐铁官营等政策带给了百姓灾祸令大夫气急败坏，转而提出贤良更具备见识和能力，请他们给出治理方案。

然而来自民间、深知百姓疾苦的贤良并没有站队大夫，他们同文学一起痛批盐铁官营带来的危害。这一段的论述很精彩，一层层剥开大夫"国泰民安"外衣下民不聊生的惨剧。先是"苛政猛如虎"，汉武帝时期的酷吏暴政横行，搜刮民间财富，导致大量冤假错案。这里可以看出，大夫的政策方向是对的，但在实施过程中，封建王朝很难约束官员借助皇权的作乱行为，而百姓真正苦恼的正是"官欺压民"。就算汉武帝惩治了贪官恶吏，但官场风气已经走偏，后代官员总是倾向于剥削百姓，而百姓在水深火热中看不到安居乐业的希望，开始懒惰甚至犯罪。最终，危害的还是国家的稳定。

文学、贤良和大夫实际上均没有给出系统的治国政策，事实上，受时代所限，他们也难以给出完善的解决方案。

在此处的辩论中，文学、贤良和大夫都带有浓重的个人情绪。双方在丞相的调解下，依然吵闹不止。大夫直言文学粗鄙，文学、贤良痛批大夫伤民，言辞犀利，毫不留情面，一度将大夫气到哑口无言，背身向人。这其实也反映了当时的社会矛盾已经激化到一定程度，双方在思想和政策上的分歧巨大。

行修于内，声闻于外，
为善天下，福应于天

水旱

论题解读:

　　《水旱》在探讨西汉王朝的天灾问题，社会上关于盐铁制度的争论如此激烈，是因为百姓困苦到很严重的程度，而水旱灾害也是加剧百姓困苦的原因。因此，双方对天灾的问题，也展开讨论。不过，我们需要知道，文学说官员的暴行引发天降灾祸属于典型的封建迷信。在古代，人们总是容易将自然灾害归咎于皇帝的行为不当或者官员的过错。这其实是没有依据的，但也反映出百姓希望他们施行仁政的美好愿望。

官害民，则国必乱

　　大夫曰："禹、汤圣主，后稷、伊尹贤相也，而有水旱之灾。水旱，天之所为，饥穰①，阴阳之运也，非人力。故太岁之数，在阳为旱，在阴为水。六岁一饥，十二岁一荒。天道然，殆非独有司之罪也。"

① 穰（ráng）：丰收。

历史回眸：太岁之数

太岁之数指太岁当年运行所至的区域。太岁，是古人虚构的一颗星，将它运行一周的轨道分为十二个区域（星纪、玄枵、娵訾、降娄、大梁、实沈、鹑首、鹑火、鹑尾、寿星、大火、析木），与十二地支（子、丑、寅、卯、辰、巳、午、未、申、酉、戌、亥）相配，以此纪年。在民间信仰里，太岁是值年神灵之一，"犯太岁"则意味着要遭遇困难或发生不好的事情。

【译文】

大夫说："夏禹和商汤是公认的圣德君主，后稷和伊尹是公认的贤明宰相，他们管理天下时也有水灾旱灾。水旱灾害是上天造成的，饥荒还是丰收都是阴阳运行导致的，不是人力能改变的。因此，太岁运行到的地区，位置在阳面的地域发生旱灾，位置在阴面的地域发生水灾。每隔六年发生一次庄稼歉收，每隔十二年发生一次饥荒。天道如此，祸患不是主管官员的罪过。"

贤良曰："古者，政有德，则阴阳调，星辰理，风雨时。故行修于内，声闻于外，为善于下，福应于天。周公载纪而天下太平，国无夭伤，岁无荒年。当此之时，雨不破块，风不鸣条，旬而一雨，雨必以①夜。无丘陵高下皆熟。《诗》曰：'有渰萋萋，兴雨祁祁②。'今不省其所以然，而曰'阴阳之运也'，非所闻也。《孟子》曰：'野有饿莩③，不知收也；狗彘④食人食，不知检也；为民父母，民饥而死，则曰，非我也，岁也，何异乎以刃杀之，则曰，非我也，兵也？'方今之务，在除饥寒之患，罢盐铁，退权利，分土地，趣⑤本业，养桑麻，尽地力也。寡功节用，则民自富。如是，则水旱不能忧，凶年不能累也。"

【注释】

① 以：在，于。

② 有渰（yǎn）萋萋，兴雨祁祁：渰，阴云。萋萋，乌云密布的样子。祁祁，烟雨缓缓落下。

③ 饿莩（piǎo）：饿死的人。

④ 彘（shǐ）：猪。

⑤ 趣：通"促"，促进。

【译文】

贤良说："在古代，君主政治贤德，就阴阳调和，天象理顺，风雨适度。因而统治者在内修养德行，名声也就能远播。对天下人做善事，福气会感应上天。周公修明自身而使得天下太平，国家没有百姓夭折早亡，年年没有饥荒。在周公治理的时代，雨水不会冲破土块，大风不会把柳条吹得呼呼作响，每隔十天下一场雨，且下雨一定是在夜间。不论是丘陵还是高低田地里的庄稼都会成熟。《诗经·小雅·大田》说：'天上浓云密布，好雨缓缓降落。'如今官员不知晓天灾为何降临，却说什么'这是阴阳运行的结果'，这是前所未闻的。《孟子》中说：'田地里有饿死的百姓，政府却不懂得收养饥民；让猪狗吃人的食物，却不知道自我反省；做了百姓的父母官却放任百姓饿死，还说这并非我的责任，而是因为年成不好，官员的这种行为，和拿刀子杀人后，说不是我杀人，而是刀杀人，有什么区别呢？'当下最紧急的事情，就是解决民众饥寒的问题，废除盐铁官营政策，把管理资源的权力交还民众，分给百姓土地，促进农业生产发展，让民众种养桑麻，开发土地潜力。减少国家政策的干扰，节省用度，百姓自然会富足起来。如果像上面这样做，水灾旱灾就不会让民众担忧，歉收年份也不会让民众受到连累。"

官营的目的是"官银"

大夫曰："议者贵其辞约而指明，可于众人之听，不至繁文稠①辞，多言害有司化俗之计，而家人语。陶硃为生，本末异径，一家数事②，而治生之道乃备。今县官铸农器，使民务本，不营于末，则无饥寒之累。盐铁何害而罢？"

【注释】

① 稠（chóu）：多。

② 一家数事：一家人从事多种劳动，有人从商，有人种田。

【译文】

大夫说："说话的人贵在言辞简洁、意思明确，能让大家听懂，而不是繁文缛辞，多言容易打乱官员管理民俗的大计，也别像家里人聊天一样啰里啰唆。过去，陶朱公范蠡经营商业，深知农业与商业是不同的致富途径，一个家庭有人务农，有人经商，这样谋生的方法才算完备。当下官府制造农业用具，促使百姓从事耕作，而不去经营商业活动，如此一来，民众就不再遭受饥寒痛苦。盐铁官营又有什么害处以至于必须罢黜呢？"

贤良曰："农，天下之大业也，铁器，民之大用也。器用便利，则用力少而得作多，农夫乐事劝功。用不具，则田畴荒，谷不殖，用力鲜^①，功自半。器便与不便，其功相什而倍^②也。县官鼓铸铁器，大抵多为大器，务应员程，不给民用。民用钝弊，割草不痛，是以农夫作剧^③，得获者少，百姓苦之矣。"

【注释】

① 鲜（xiǎn）：稀少。

② 相什而倍：相差十倍。

③ 作剧：步骤繁多，程序复杂。

【译文】

　　贤良说："农业是天下人的要务，铁器是百姓务农非常重要的工具。农业器具方便好用，就能让百姓省力且耕作成果多，百姓就乐意从事农业生产。器具不好，就会导致田地荒芜，稻谷没人种植，百姓不乐意出力，成果自然减半。农业器具便利与否，其产生的结果相差十倍。朝廷制作出来的农具，大部分是大件铁器，铸造时要求符合用料标准和制作程序，但这样的农具不适合百姓使用。农具不锋利且容易破损，收割杂草不快，导致百姓劳动很辛苦，收获的粮食却不多，百姓为此深受困苦。"

　　大夫曰："卒徒工匠，以县官日作公事，财用饶，器用备。家人合会，褊于日而勤于用^①，铁力不销炼^②，坚柔不和。故有司请总盐铁，一其用，平其贾^③，以便百姓公私。虽虞、夏之为治，不易于此。吏明其教，工致其事，则刚柔和，器用便。此则百姓何苦？而农夫何疾^④？"

【注释】

① 褊（biǎn）于日：时间很短。勤于用：缺乏经费。勤：这里指缺少。

②铁力不销炼：铁矿石不能销熔冶炼。

③贾：同"價"（价），价钱。

④疾：通"嫉"，痛恨。

【译文】

大夫说："从事生产器具的卒隶、刑徒和工匠，按照官府规定每天为国家做事，官府的物资富饶，器具完备。此前，百姓几家合作铸造农具，时间不足，费用缺少，铁矿石无法被充分冶炼，冶炼出来的铁块软硬不均。因此，主管官员恳请朝廷一起掌管煮盐、冶铁的工作，统一它们的规格，降低它们的价钱，来方便百姓和国家。即使让虞舜、夏禹来管理盐铁事务，他们也不会改变现有的方法。官员讲清楚制造方式，工匠制造出合适的用具，这样制造的钢铁软硬适合，农具用起来方便。这样百姓有什么可痛苦的？农夫有什么可痛恨的呢？"

贤良曰："卒徒工匠！故民得占租鼓铸、煮盐之时，盐与五谷同贾，器和利而中用。今县官作铁器，多苦恶，用费不省，卒徒烦而力作不尽。家人相一，父子戮力，各务为善器，器不善者不集。农事急，挽①运衍之阡陌之间。民相与市买，得以财货五谷新币易货；或时贳②民，不弃作业。置田器，各得所欲。更繇省约③，县官以徒复作，缮治道桥，诸发民便之。今总其原④，壹其贾，器多坚硻，善恶无所择。吏数不在，器难得。家人不能多储，多储则镇⑤生。弃膏腴之日，远市田器，则后良时。盐铁贾贵，百姓不便。贫民或木耕手耨⑥，土耰⑦淡食。铁官卖器不售或颇赋与民。卒徒作不中呈，时命助之。发征无限，更繇以均剧，故百姓疾苦之。古者，千室之邑，百乘之家，陶冶工商，四民⑧之求，足以相更。故农民不离畦亩⑨，而足乎田器，工人不斩伐而足乎材木，陶冶不耕田而足乎粟米，百姓各得其便，而上无事焉。是以王者务本不作末，去炫耀，除雕琢，湛民以礼，示民以朴，是以百姓务本而不营于末。"

【注释】

①挽：通"輓"，拉车。

②貰（shì）：赊账。

③更繇省约：节省了从事徭役的人。

④原：同"源"，源头。

⑤镇：据考证，应为"铿（shēng）"，生锈。

⑥手耨（nòu）：用手拔除杂草。

⑦櫌（yōu）：打碎土块用的木棍。

⑧四民：指士、农、工、商。

⑨畦（qí）亩：田地。

【译文】

　　贤良说："讲什么卒隶、刑徒、工匠！以前民众自己能够交租铸铁和煮盐的时候，盐与五谷价钱一样，自制铁器便利实用。当下由官府制作农具，很多农具的质量不佳，费用却一点儿也没节约，卒隶、刑徒个性急躁，不尽心尽力工作。以前百姓几家人合作经营盐铁，大家目标统一，父子齐心协力，每个人都追求制造好的用具，质量不佳的用具也不拿到集市上售卖。农事繁忙的时节，铁器商把器具拉到田地里售卖。百姓各自购买所需，可以用粮食、钱财购买，也可以拿用旧的农具兑换；有时他们还赊给民众器具，保障民众不耽误农作生产。农夫置买需要的耕田器具，大家各得所需。这样做节省了从事徭役的人，朝廷让刑徒去修路修桥，所有被征调的百姓都能得到便利。当下朝廷控制盐铁资源，统一价格，这些铁器很多由又脆又硬的生铁制成，百姓无法选择好坏。售卖官员经常不在柜台上，百姓也无从购买。农民也不敢多储备农具，储备多了容易生锈毁坏。百姓经常在农忙时节，跑到很远的地方去购买农具，这会导致耽误农时。盐和铁器价格昂贵，百姓力不从心。有些百姓只好用木头工具耕种，用手拔草，用木棒压碎土块，没有盐只好吃淡食。但是铁官的器具又卖不出去，他们就强行把指标摊派给民众。卒隶、刑徒制作铁器没有完成铸造程序，有时官员就命令百姓帮助。朝廷征调百姓服役没有节制，为防止百姓过于劳苦还施行分阶段服役政策，这让百姓苦不堪言。在古代，千户人家的采邑，百辆兵车的大夫之家，士、农、工、商四大类民众生产的物品，足可以满足互相交换。由此，百姓不用离开田亩，就能获得足够的生产工具，工匠不用砍伐就能获得足够的木材，制陶冶铸的人也不用亲自耕田就能获得足够的粮食，百姓各得便利，而在上位的人不用为此操劳。因此君主致力于管理农业，而不去追求商业利益，官员也应该撤去炫耀风气，去除雕饰的做法，用礼义教化改变民众，以勤俭示民。因此百姓不去经营商业转而经营农业生产。"

[论辩剖析]

双方谈论天灾话题，慢慢又回归到盐铁官营问题上，比如政府掌控资源、统一制造农具等政策是不是真正有利于民。大夫主要考虑两点，第一，百姓自制农具，效率低下；第二，实施这项政策可以利用监狱里的犯人，做到"人尽其用"。而贤良大力反击，认为民间百姓还是自给自足的好，官府统一掌控资源会带来不便。如此一来，双方讨论的焦点还是盐铁官营等政策是否应该废除。

疏

　　本章内容是双方争论的一个细节话题，水旱是古代农业社会常见的天灾，天灾对封建社会的小农经济，尤其是农业生产影响巨大，因而这也是谈论经济话题绕不开的重点。大夫反对贤良将天灾的产生归咎于官员不作为。以今天的眼光看待这件事情，我们能快速分辨出人祸导致天灾的想法是无稽之谈。话题很快又转回盐铁官营制度，这次双方谈论的焦点是制造农具该不该由官府统一管理。

　　大夫早就不耐烦文学、贤良给他们"扣帽子"的行为，趁机反击，好的辩论者应该把道理讲清楚，而不是一大堆繁文缛辞。这里也不难看出，辩论场上的氛围很紧张。

　　大夫说，范蠡的经验证明要实现经济的良性发展就要兼顾农商。文学则直接点出核心问题：农业是根本，现在官府提供的农具，百姓使用并不便利。大夫顺着这个话题，表明以前百姓私自铸造农具，既浪费资源又制造不出合格的产品，远不如现在官府统一制造，既保障了农具的质量又能降低价格。从大夫的话语中，我们能看出农具产品统一制造的出发点是好的，但实践中，它能否像理论上那样造福于民，需要打一个大大的问号。

　　贤良接过话题，引入事实，列举民间的种种乱象，揭示该政策不合理的地方。首先，官府掌握了盐铁资源，百姓使用盐铁的成本提高。其次，官府制造的农具的质量并没有预想中的好，甚至比不上百姓自己制造的。百姓制造农具并互相售卖，也没有耽误农事。由官府制造农具产生什么后果呢？质量不合格，百姓不知道怎么选择；

官府经营者长时间不在岗位上，百姓买不到农具，耽误农业生产；更有甚者，官府卖不出去农具，竟然强迫百姓购买。经过这一系列操作，百姓连吃盐的钱都凑不出来。这真的比得上以前百姓自给自足的状态吗？

关于天灾的讨论，最终回归辩论主题：盐铁官营制度该不该废除？双方各自有理，据理力争。从当时现实来看，此项制度带来的众多弊端是十分明显的。

不征伐，则暴害不息；
不备，则是以黎民委敌

备胡

论题解读：

　　《备胡》探讨边防和抗击匈奴的问题，大夫是主战派，认为匈奴不仁，侵占土地，伤害边民。西汉王朝对于这种欺辱是绝对不该放任的，他们主张继续盐铁官营政策，在边塞备军。文学则不赞成这种做法，他们从现实角度出发，指出长期备军的各种坏处：百姓长期服兵役，妻离子散；在从军过程中，士兵可能遭受军官欺凌；长期作战，面对全民皆兵、不断袭扰的匈奴，汉朝的经济无以支撑。大夫从国防角度考虑，文学则关照百姓生活，双方各有理由。

对敌人仁慈是对自己的残忍

　　大夫曰："鄙语曰：'贤者容不辱。'以世俗言之，乡曲有桀[1]，人尚辟[2]之。今明天子在上，匈奴公为寇，侵扰边境，是仁义犯而黎藿采[3]。昔狄人侵太王[4]，匡人畏孔子，故不仁者，仁之贼也。是以县官厉武以讨不义，设机械以备不仁。"

【注释】

① 桀：凶恶残暴的人。

② 辟：通"避"，屏除。

③ 藜藿（lí huò）：两种野菜。采："采"前原有"不"字，据张敦仁说校删。

④ 太王：周文王祖父

历史回眸：匡人畏孔子

春秋时期匡城位于卫国，鲁国阳货叛乱出逃，路过匡地杀人放火，无恶不作。匡城人对他十分痛恨。孔子一行人驾车路过，颜回大喊："老师，当年我追阳货时，从这个路口走过。"几个匡人听到他们和阳货的口音一样，误以为他们是其同伙，便立刻组织人手围上来。以子路为首的众弟子拔剑守卫孔子。匡城百姓情绪更加激动，他们不听解释，和孔子的弟子混战起来。孔子却不慌不乱，拿出古琴开口歌唱："文王的周礼在我们身上，上天不想让它灭绝，匡人也不能把我们怎样。"孔子表现出的临危不惧的气概是值得我们后人学习的。

【译文】

大夫说："俗话讲：'贤德之人从容不受侮辱。'从世俗情理来看，乡里有大奸大恶之人，人们尚且要躲开他。当下英明天子在上，匈奴公然侵犯我们的土地，骚扰我们的边境，这是我们的仁义受到侵犯了啊，连藜藿这些野菜都被匈奴采摘了。以前狄国人侵扰太王的土地，匡人威胁孔子的安危，因此这些不讲仁义的人，是仁义之人的灾祸啊。所以官府要整顿军队来讨伐不义，增强军备来预防不仁义的人。"

贤良曰："匈奴处沙漠之中，生不食之地，天所贱而弃之，无坛宇之居，男女之别，以广野为闾里，以穹庐①为家室，衣皮蒙毛②，食肉饮血，会市行，牧竖居，如中国之麋鹿耳。好事之臣，求其义，责之礼，使中国干戈至今未息，万里设备，此《兔罝》之所刺，故小人非公侯腹心干城③也。"

【注释】

① 穹（qióng）庐：用毛毡缝制的圆顶帐篷。

② 衣皮：用兽皮做衣服。蒙毛：指兽毛向外的衣服。

③ 腹心：亲信。干：盾牌，这里指守卫。城：城墙。

【译文】

贤良说："匈奴住在沙漠里，生存在荒草不生的地方，这是他们被上天轻视并抛弃的表现。他们不建立祭坛，不修建宫殿，民众不分男女，把广阔无垠的草原看作乡里，把毛毡建造的帐篷当成房屋，匈奴身着兽皮制成的衣服，有的皮毛外翻，他们吃肉喝血，像我们赶集一样忙着追逐水草，像牧童一样跟随牛羊迁居，生活习俗和中原地区的麋鹿差不多。朝中爱惹事的大臣，要求匈奴和我们一样懂礼仪、守规矩，导致边境战事永不止息，国家在边疆千里之外防备敌人，这些大臣就是《诗经·周南·兔罝》所讽刺的对象，所以我们这些儒生不是你们这些公侯贵族的心腹和捍卫者。"

大夫曰："天子者，天下之父母也。四方之众，其义莫不愿为臣妾①；然犹修城郭，设关梁，厉②武士，备卫于宫室，所以远折难③而备万方者也。今匈奴未臣，虽无事，欲释备，如之何？"

①臣妾：男臣女妾。

②厉：训练。

③远折难：远离挫折和灾难。

【译文】

　　大夫说："天子是天下百姓的父母。天下人，按理说没有不想做天子的臣妾的；然而我们还是要修建城郭，设置关卡津梁，整练军士，在皇宫周围部署御林禁卫军，这都是为了远离祸患，防备各方的侵扰。当下匈奴还未臣服，即使边境没有战乱，但你们此时却想放弃防备，如果出事那该怎么应对？"

　　贤良曰："吴王所以见禽①于越者，以其越近而陵②远也。秦所以亡者，以外备胡、越而内亡其政也。夫用军于外，政败于内，备为所患，增主所忧。故人主得其道，则遏迩偕行而归之，文王是也；不得其道，则臣妾为寇③，秦王是也。夫文衰则武胜，德盛则备寡。"

【注释】

①禽：同"擒"，捉拿。

②陵：通"凌"，凌驾。

③臣妾为寇：这里指宦官赵高将秦二世杀死的典故。

【译文】

　　贤良说："吴王夫差之所以被越国击败，就是因为他无视旁边虎视眈眈的越国，却与远方的齐国争强。秦王朝之所以灭亡，就是因为无视内政的重要性，却对外防备匈奴、百越。对外武力征伐，对内治理失败，军防本来应该是防备祸患的，现在却增加了君主的忧虑。君主得到治国正道，那么远近百姓会前来归附，周文王就是最好的证明；君主没有找到治国正道，那么他身边的臣妾也会成为敌人，秦始皇就是如此啊。文治失败，武功就会胜利，道德兴盛，军备就会减少。"

大夫曰："往者，四夷俱强，并为寇虐：朝鲜逾徼^①，劫燕之东地；东越越东海，略浙江之南；南越内侵，滑服令^②；氐、僰、冉、駹、巂唐^③、昆明之属，扰陇西、巴、蜀。今三垂^④已平，唯北边未定。夫一举则匈奴震惧，中外释备，而何寡也？"

【注释】

① 逾徼（jiào）：越过边境。徼，边境。
② 滑：通"猾"，扰乱。服令：地名，指岭南地区，一作"服领"。
③ 氐：古代少数民族，又称西戎。僰（bó）、冉、駹（máng）、巂（xī）唐都是少数民族名称。
④ 垂，通"陲"，边陲。

【译文】

大夫说："从前，四方蛮夷的实力很强大，共同成为我们的祸害：朝鲜人越过边境，抢劫燕国东部地区；东越人穿过东海，攻占浙江南部土地；南越人向内地进犯，扰乱服令地区；氐人、僰人、冉人、駹人、巂唐人以及昆明等少数民族，侵扰甘肃西部、重庆、四川等地区。当下，东、西、南三方边境的祸乱已经平定，只有北边匈奴还没有臣服。只要我们打一次胜仗，匈奴就会深觉恐慌，中原边境的军防就可以解除，你还说什么减少的话呢？"

在边境长期备战的问题上，双方的想法都有一定的合理性。大夫坚持保护国家就要痛击对手，贤良表示匈奴游牧民族的作战特点，注定他们在长期"消耗战"中有优势，与其长期备战带来巨大消耗，不如用德治来感化对手。大夫则表示，设立军队的目的在于防备战争，而文学现在想废除边防，那么一旦匈奴南下进攻该怎么处理？西汉时期，匈奴实力强劲，甚至在汉武帝之前还占据战争的主动权。面对匈奴的威胁，大夫的担忧不无道理。汉武帝时期，"三陲已定"也让大夫有信心对匈奴继续集中备战。贤良则认为，一味地武力征服没有用，反而会拖垮国内经济，也是有一定的现实考量的。可见，要不要加强边防，是让西汉王朝很难处理的问题。

称霸的国家往往没有好下场

贤良曰："古者，君子立仁修义，以绥①其民，故迩者习善，远者顺之。是以孔子仕于鲁，前仕三月及齐平，后仕三月及郑平，务以德安近而绥远。当此之时，鲁无敌国之难，邻境之患。强臣变节而忠顺，故季桓隳其都城。大国畏义而合好，齐人来归郓、谨、龟阴之田。故为政而以德，非独辟害折冲也，所欲不求而自得。今百姓所以囂囂②，中外不宁者，咎在匈奴。内无室宇之守，外无田畴之积，随美草甘水而驱牧，匈奴不变业③，而中国以④骚动矣。风合而云解⑤，就之则亡，击之则散，未可一世⑥而举也。"

① 绥：安定，安抚。

② 嚣嚣（áo）：即"嗸嗸"，形容民众怨恨时发出的声音。

③ 变业：匈奴改变赖以生存的畜牧业。

④ 以：通"已"，已经。

⑤ 风合而云解：像风一样聚合，像云彩一样散开，指的是聚散不定。

⑥ 一世：三十年。

历史回眸：孔子为官

"前仕三月及齐平"出自《史记·孔子世家》。原文为："定公十年春，及齐平。"故事背景是鲁定公任命孔子为中都宰，一年后人人都来效仿他。后来，孔子被升任司空、大司寇等官职。在孔子做官的这段时间，鲁定公十年（公元前 500 年）春天，鲁国与齐国重新和好。

"后仕三月及郑平"出自《春秋公羊传·定公十一年》。原文为："十有一年，春，宋公之弟辰及仲佗、石彄、公子池，自陈入于萧，以叛。夏，四月。秋，宋乐世心自曹入于萧。冬，及郑平。叔还如郑莅盟。"讲的是鲁定公十一年（公元前 499 年）冬天，鲁国与郑国重新和好。

"隳其都城"出自孔子执政期间，积极打击专权鲁国的三桓势力的典故。三桓就是鲁国卿大夫孟孙氏、叔孙氏和季孙氏。鲁定公十三年（公元前 497 年），孔子迫使季桓子平毁费邑，迫使叔孙氏平毁郈（hòu）邑。这些都是打击权贵的具体手段。

"齐人来归郓（yùn）、谨（huān）、龟阴之田"出自《春秋·定公十年》，同样讲的是鲁国与齐国重修于好的事情，贤良是说齐国因为孔子执政的仁义而使得齐国归还郓、讙、龟阴等地。这三个地方均是鲁国的邑，全在汶水北岸。

【译文】

贤良说："古时候，君子修明自己的仁义道德，借此来安抚百姓，所以近处的人耳濡目染来学习这种品质，远方的人前来归顺。因此孔子任职鲁国大司寇，上任前三月鲁国就与齐国重修旧好，后三个月又与郑国修复关系，力求用仁德来安抚周边的人、平定远方的人。孔子做官的时候，鲁国没有敌国忧虑，没有边境战乱。即使是三桓这样的权臣也不得不改变节操，对鲁国国君忠诚归顺，由此季桓子平毁都城费邑。邻国敬畏孔子的仁义，纷纷对鲁国献好，齐国人归还郓、讙、龟阴等地区。因此君主以德治理国家，不仅可以避开祸端、抵御敌人，心里所想得到的东西还能不主动追逐而自然得到。如今老百姓怨声载道，内外不能安宁，其中的过错就在对匈奴的政策上。匈奴在内没有宫殿需要守卫，在外没有耕作积累的财产需要保护，他们追随茂盛的草原和甘甜的清水而移动放牧，匈奴不会改变依赖畜牧业生存的方式，但汉人却被他们的骚扰打乱。他们像风一样聚合，又像乌云一样散开，我们靠近他们，他们就逃，我们攻打他们，他们就像鸟兽一样散开，不可能花几十年时间就能彻底征服他们。"

大夫曰："古者，明王讨暴卫弱，定倾扶危。卫弱扶危，则小国之君悦；讨暴定倾，则无罪之人附。今不征伐，则暴害不息；不备，则是以黎民委敌①也。《春秋》贬诸侯之后，刺不卒成②。行役戍备，自古有之，非独今也。"

① 委敌：丢给敌人。委，丢给，扔给。

② 刺不卒戍：出自《春秋公羊传·僖公二十八年》。原文为："公子买戍卫，不卒戍，刺之。"

【译文】

大夫说："古时候，圣明君主讨伐暴政，守卫弱小，稳定即将衰败的局势，扶持危险的国家。守卫弱者、扶持危难，就会使小国国君很开心；征讨暴政的国家，安稳衰弱的国家，没有犯罪的人就会归顺。当下我们不征伐匈奴，边境祸患不会停止；我们不加强军备，就等于把百姓推给敌人。《春秋》嘲讽中原诸侯为小国戍守边防而后至，嘲讽没有成功戍守的大夫。行兵劳役，戍守备战，从古至今都有，不是今天才出现的。"

贤良曰："匈奴之地广大，而戎马之足轻利，其势易骚动也。利则虎曳①，病则鸟折②，辟锋锐而取罢③极；少发则不足以更适，多发则民不堪其役。役烦则力罢，用多则财乏。二者不息，则民遗怨。此秦之所以失民心、陨社稷也。古者，天子封畿④千里，繇役五百里，胜声相闻，疾病相恤。无过时之师，无逾时之役。内节于民心，而事适其力。是以行者劝务，而止者⑤安业。今山东之戎马甲士戍边郡者，绝殊辽远，身在胡、越，心怀老母。老母垂泣，室妇悲恨，推其饥渴，念其寒苦。《诗》云：'昔我往矣，杨柳依依。今我来思，雨雪霏霏。行道迟迟，载渴载饥。我心伤悲，莫之我哀。'故圣人怜其如此，闵⑥其久去父母妻子，暴露中野，居寒苦之地，故春使使者劳赐，举失职者，所以哀远民而慰抚老母也。德惠甚厚，而吏未称奉职承诏以存恤，或侵侮士卒，兴之为市，并力兼作，使之不以理。故士卒失职，而老母妻子感恨也。宋伯姬愁思而宋国火，鲁妾不得意而鲁寝灾。今天下不得其意者，非独西宫之女、宋之老母也。《春秋》动众则书，重民也。宋人围长葛，讥久役也。君子之用心必若是。"

大夫默然不对。

【注释】

①利则虎曳（yè）：曳，拖拽，撕拉。全句意思为匈奴在有利时如老虎拖拽猎物般凶猛。

②病则鸟折：不利之时就像鸟儿折翅伤翼。病，不利，不便，与上文中的"利"相对。

③罢：同"疲"，疲惫。

④封畿（jī）：古时指国都及周围的土地，由天子直接管辖。

⑤止者：被征发之人留下的家人。

⑥闵：同"悯"，怜悯。

【译文】

贤良说："匈奴土地广阔，但骑兵行动迅速敏捷，这些因素都导致他们容易骚扰边境。形势有利时他们就如同老虎拖拽猎物般进攻，形势不利时他们就如同鸟儿折翅伤翼逃走，避开我们的精锐部队却去攻打疲劳的军队；我们少派兵则人手不足以交替执行任务，多派兵则百姓无法承受沉重的劳役。兵役繁重会导致百姓精疲力竭，军费过多则导致财物不足。繁重的兵役和过多的军费两者不停息，百姓就会积攒怨气。这就是秦朝失去民心，最终衰落的缘由啊。古时候，天子直辖的土地有几千里，民众服役的地区划定在方圆五百里内，民众可以互相听到对方的声音，生病了也可以相互关照。没有超越时限驻扎的军队，也没有超过时间的徭役。朝廷依据民心调节服役时间，徭役强度也在百姓可接受的范畴。因此，服役的人尽心尽力完成工作，亲人留在家里安居乐业。现在，崤山以东的戍边将士守卫边境，长路漫漫，他们留在匈奴、百越等地区，心里思念家中老母亲。母亲在家中抹泪，妻子在屋里叹息，担心他们在外忍受饥渴，念叨征夫的辛苦。《诗经》写道：'从前我离开家，杨柳依依不舍。如今我征战回来，雨雪菲菲哀伤。我在路上慢慢前行，饥渴难耐。我内心无比痛苦，没人知晓我心里的哀伤。'因此圣主同情征人的悲惨遭遇，可怜他们长时间离开家人，身体暴露在旷野中，居住在艰苦凄寒的地方，因此春天会派遣使者慰劳军队，救助无家可归的人，这是圣主同情征夫、抚慰他们的老母亲的举措。皇上仁德恩惠是非常丰厚的，但是那些失职的官员却不能按照命令关照士兵，有些军官欺负士兵，在军队里开集市，让一个人担负多项工作，不合理使唤手下人。因此士兵处境不佳，家中亲人对此忧伤愤恨。宋国伯姬幽愁悲思而引发了火灾，鲁君楚妾不如意而招来西宫生灾。如今天下不如意的人，远不止像西宫楚妾、宋国老媪那样的人。《春秋》的记载体例是，如果诸侯有兴师动众的举措就记载，因为这符合重视民众的初衷。《春秋》记载宋人包围长葛的事件，就是讽刺宋国的徭役时间太久。君子必是这样良苦用心。"

大夫沉默，不再说话。

【论辩剖析】

在双方辩论僵持不下的时候，贤良首先阐明自己的看法。先是说孔子做官，以德治理天下，证明仁政的优势，再从现实角度分析匈奴不易征服的原因，提出一套严密的逻辑，让大夫的回应显得单薄。贤良乘胜追击，讲清盐铁官营和长期备战带来的明显祸端。大夫说要长期备战是为了保护百姓，而实际上却导致徭役、兵役过重，使百姓的生活堪忧。那些军人驻扎边境，生活艰难，和亲人长期分离。贤良的这些话，也让高高在上的大夫沉默了，也许他们也察觉到长期备战导致了百姓的疾苦。

疏

《备胡》是围绕西汉边防问题展开的，大夫延续法家的备军思想，主张极力备战，狠狠打击敌人。这种思想是有其依据的，一方面历史经验告诉我们，用仁德感化敌人这种想法在很多时候不可取；另一方面，大夫提到了汉朝在长期的抗击中取得了"三陲已定"的卓越功绩。

贤良主张以贤德感化敌人，并非出于懦弱，而是出于儒家思想的以民为本。在贤良看来，长期备军，加重了劳役兵役，百姓的正常生活被打乱。军人远离家园、生活艰苦，思念家人却无法回家。而家里的亲人思念远方的征人也无可奈何。军队的长官没有真正优待士兵，不合理的制度也让军人的生活雪上加霜。百姓心里有怨气，而这些怨气会扰乱国家安稳。更糟糕的是，匈奴是游牧民族，他们有机动作战的优势，长期备军并不能精确打击敌人，反而会大量消耗国力。

其实，西汉作为中国历史上一个相当强盛的王朝，尤其是汉武帝时期，卫青、霍去病出击匈奴，张扬汉朝的威严，大大缓解了北方边境的压力。"封狼居胥"也成为在对敌中建立显赫功勋的代名词。汉武帝晚年反思过度的战争伤及百姓，政策往"文治"偏移，这也能看出过度的边境战争确实给西汉带来了沉重的压力。

早在征和四年（公元前89年），桑弘羊向晚年的汉武帝提议增兵边境，汉武帝明确拒绝了他的请求，还自我批评"曩者，朕之不明……军士死略离散，悲痛常在朕心"。此时桑弘羊坚持备军，自然也被贤良当面讽刺为"引起战争的好事之徒"。但我们也要认识到，大夫之举是出于边防考虑，并非出于私心。

安者不能恤危，饱者不能食饥

取下

论题解读：

　　本章是全书的精华所在，是大夫和文学、贤良在盐铁会议正式场合的最终对决。双方也彻底将委婉说辞抛于脑后，针尖对麦芒地批判对方观点，甚至发展到激烈的人身攻击。大夫指责文学、贤良代表的民众是刁民，不知满足，想要多占国家资源，自私自利。文学、贤良则引经据典，批判以大夫为代表的上位者权力欲望膨胀，想垄断资源，不顾百姓死活。他们还将权贵生活与百姓生活对比，痛斥权贵高高在上，不体恤百姓。最终，盐铁会议在这次辩论后告一段落，朝廷废除酒水专营和关内铁器官营，来自民间的文学、贤良获得部分胜利。但盐铁官营制度并没有被完全废除，积极备军也继续执行下去。这个结果更像是朝廷为安抚民意所为。

凭什么把手伸向老百姓？

大夫曰："不轨①之民，困桡②公利，而欲擅山泽。从文学、贤良之意，则利归于下，而县官无可为者。上之所行则非之，上之所言则讥之，专欲损上徇③下，亏主而适臣，尚安得上下之义，君臣之礼？而何颂声能作也？"

【译文】

大夫说："一些不法民众，想要困扰、损坏国家的利益，想占有山泽资源。如果听从文学、贤良的想法，这些资源利益都归于民众，朝廷就没有什么可做的。你们诽谤朝廷推行的政策，你们嘲讽朝廷官员说的话，想要损害上层利益去谋求下层利益，亏损君主的利益去迎合臣民，这哪里还有上下有别的大义？这还有什么君臣的礼仪？盛世的颂歌又怎能奏响呢？"

贤良曰："古者，上取有量，自养有度，乐岁不盗，年饥则肆①，用民之力，不过岁三日，籍敛②，不过十一。君笃爱，臣尽力，上下交让，天下平。'浚发尔私'③，上让下也。'遂及我私'，先公职也。《孟子》曰：'未有仁而遗其亲，义而后其君也。'君君臣臣，何为其无礼义乎？及周之末途，德惠塞而嗜欲众，君奢侈而上求多，民困于下，怠于上公，是以有履亩之税④，《硕鼠》之诗作也。卫灵公当隆冬兴众穿池，海春谏曰：'天寒，百姓冻馁，愿公之罢役也。'公曰：'天寒哉？我何不寒哉？'人之言曰：'安者不能恤危，饱者不能食饥。'故余粱肉者难为言隐约，处佚⑤乐者难为言勤苦。

【注释】

① 肆：延缓征税。

② 籍敛：征用民力耕种公田。籍，通"藉"，这里指藉田（公田）。

③ 浚（jùn）发尔私：浚，现代《诗经》写作"骏"，大。发，开发，耕种。私，私田。

④ 履亩之税：依照土地面积来征收赋税。

⑤ 佚：通"逸"，安逸。

【译文】

贤良说："在古时候，上位者征税有限定额度，官员自我俸养有限量，收成好的年份民间没盗贼，遇到荒年会延缓征税，而使用民力的时候，一年也不超过三天，征用百姓耕种国家公田的情况，不会超过十分之一。君主关爱他的子民，子民也尽心忠诚，全国上下互相谦让，因此天下一片太平。《诗经·周颂·噫嘻》里说'快去耕种你自己的田地'，说的就是上层礼让民众。《诗经·小雅·大田》也说'先耕作公田再耕私田'，意思是让百姓以公田为重。《孟子·梁惠王上》中说：'从没有讲求仁义的人，遗弃他的父母，也没有讲求仁义的人，却背弃他的君主。'君主有君主的样子，臣子有臣子的样子，怎么能说是没有上下之礼呢？到了周朝晚期，仁德恩惠受到阻碍，上位者欲壑难填，君主生活奢侈，却对民众各种苛求，下层民众深陷困苦，于是怠慢上边的公事，结果朝廷直接按照田地面积征税，讽刺贪污的《诗经·魏风·硕鼠》就是为此而作。卫灵公在寒冬时节，大兴土木，要修建池园，宛春劝说他：'这会儿天寒地冻，百姓饥寒交迫，希望您能先停下工程。'卫灵公反问：'天寒吗？我为何未感到寒冷呢？'曾有人讲过这样的话：'安全的人无法体谅身处险境的人，吃饱的人无法体谅忍饥挨饿的人。'因此对着存有余粮剩肉的人，我们无法和他讲饿的意思，对着生活安逸的人，我们无法和他讲劳苦的含义。

"夫高堂邃宇、广厦洞房者，不知专屋狭庐、上漏下湿者之瘤^①也。系马百驷、货财充内、储陈纳新者，不知有旦无暮、称贷者之急也。广第唐园、良田连比者，不知无运踵之业、窜头宅者^②之役也。原^③马被山，牛羊满谷者，不知无孤豚瘠犊^④者之窭^⑤也。高枕谈卧、无叫号者，不知忧私责^⑥与吏正戚者之愁也。被纨蹑韦、搏粱啮肥^⑦者，不知短褐之寒、糠滴^⑧之苦也。从容房闱之间、垂拱持案食者，不知蹠^⑨耒躬耕者之勤也。乘坚驱良、列骑成行者，不知负檐^⑩步行者之劳也。匡床旃席^⑪、侍御满侧者，不知负辂^⑫挽舩^⑬、登高绝流者之难也。衣轻暖、被美裘、处温室、载安车者，不知乘边城、飘胡、代、乡清风者之危寒也。妻子好合、子孙保之者，不知老母之憔悴、匹妇之悲恨也。耳听五音、目视弄优者，不知蒙流矢、距^⑭敌方外者之死也。东向伏几、振笔如调文者，不知木索之急、棰楚者之痛也。坐旃茵之上，安图籍之言若易然，亦不知步涉者之难也。昔商鞅之任秦也，刑人若刈菅茅^⑮，用师若弹丸；从军者暴骨长城，戍漕者辇车相望，生而往，死而旋，彼独非人子耶？故君子仁以恕，义以度，所好恶与天下共之，所不施不仁者。公刘好货，居者有积，行者有囊。大王好色，内无怨女，外无旷夫。文王作刑，国无怨狱。武王行师，士乐为之死，民乐为之用。若斯，则民何苦而怨，何求而讥？"

【注释】

①瘆（cǎn）：原本作"瘤"，据王利器说校改，惨痛的意思。

②窜头宅者：一说"窜头冤颈"，意为伸脑袋缩脖子，形容小人物猥琐、不得志的样子。

③原：通"骠"，赤毛白腹的马。

④孤豚：一头小猪。瘠犊：瘦牛。

⑤窭（jù）：贫穷。

⑥责：同"债"，债务。

⑦啮（niè）肥：咬肥肉。

⑧糠滴：糠皮。

⑨蹠（zhí）：通"摭"，拾，操。

⑩ 檐（yán）：一本作"擔"，即"担"。

⑪ 旃（zhān）席：毛毯。

⑫ 负辂（lù）：拉车。

⑬ 挽舩（chuán）：用纤绳拉船。舩，同"船"。

⑭ 距：通"拒"，抵御。

⑮ 刈（yì）：割。菅（jiān）茅：一种多年生草本植物。

【译文】

"家里有宽阔的厅堂、深邃的屋宇、广阔的楼厦、明亮的房间的人，不知晓居住在窄小房屋、屋顶漏雨、地面潮湿阴暗环境的人的悲伤。马厩中拴了几百匹马、屋子里装满商品财物、储存旧谷子收纳新谷子的人，不知晓吃了早餐没有晚餐、靠借款生活的人的焦急。坐拥广厦院落，良田无数的人，不知晓没有落脚的土地、伸着头缩着脖子、畏畏缩缩的穷人的苦役。好马满山跑、牛群羊群满山谷溜达的人，不知晓连一只小猪或一头瘦小的牛都没有的人的困苦。高枕无忧、躺在床上谈笑风生、听不见百姓哭号的人，不知晓那些忧虑自己的债务与担忧官府逼迫的人的忧愁。身着锦缎华服和皮靴、吃精米和肥肉的人，不知晓穿着粗布短衫的人的寒冷和吃糠咽菜的人心中的悲苦。整日在屋子里优游从容、垂衣拱手、坐等随从端来食物的人，不知晓手握耒锸、亲自下地耕种的人的辛劳。乘坐好马车、赶着良马、身后跟着精兵的人，不知晓肩扛扁担走路的人的劳苦。床上铺满毛毯、仆从在身旁伺候的人，不知晓用身体拉船、爬上高山、在河流里跌宕波折的人的艰苦。身着轻暖华服、身披漂亮皮草、居温室、坐马车的人，不知晓那些站在边塞城墙边、只身漂泊在他乡、迎着刺骨冷风的人的险境。妻子和睦、后代接受优良教育的人，不知晓边塞官兵的老母亲在家思子的难过和妻子在家的惆怅。聆听音乐、眼观杂技的人，不知晓在边境上冒着飞箭、抵御敌人的人的牺牲。卧在桌前提笔断案的人，不知晓身披枷锁的人的焦急和被木棒藤条抽打的人的痛苦。安坐在车上，按照地图看路的人，不知晓跋山涉水的人的艰难。从前商鞅在秦国当宰相，视百姓为杂草一样屠杀，用兵像抛弹丸一样随意；征夫的尸骨随意丢弃在长城下，运粮的车船来来往往，人们活着出征，死去才能回家，他们就不是父母生养的人吗？因此君子用仁心来宽恕别人的过失，正义又以理度人，君子的好恶要和天下人一样，不将不仁施予他人。公刘爱财，当时在家的人有存粮，出远门的人口袋里能备好干粮。太王喜欢女色，百姓中也没有嫁不出去的女子、娶不到妻子的单身汉。周文王制定刑罚，国内没有冤假错案。周武王带兵打仗，士兵愿为他献出生命，百姓愿为他征用。如果在上位的人都如此，那么百姓有什么可痛苦抱怨的，又有什么可要求和批评的呢？"

〔论辩剖析〕

　　大夫上来就指责文学、贤良想废除盐铁官营等制度是刁民行为，想从君主的手里抢夺资源。这个时候，辩论进行到最后一轮，简单的嘲讽已经不足以表达怒火了，双方干脆相互指责。贤良也不再遮掩，直接把民间的惨状罗列出来。大夫说"上下大义"，贤良则从儒家思想的高度针锋相对，细讲上下之义，古代贤明君主都是有度地使用民力，有度地征税，还会宽解百姓的难处，百姓也私田公田都耕种，双方和谐。现在呢？赋税过高，民不聊生，百姓服役过重、苦不堪言。自古以来，不考虑民生的国君和朝廷都会被讽刺。文学、贤良的意思很明确：权贵生活富足，要求百姓按照"上下大义"行事，然而百姓的生活已经困苦不堪，权贵做到像古时那样体恤民生了吗？

　　大夫还没发言，愤怒的贤良就继续连用十四个排比句，引经据典，将上位者奢侈华丽的生活与百姓的困境作对比，讽刺大夫所谓的"上下大义"不过是其敛财手段罢了。

治国者要以民生为重

公卿愀然^①，寂若无人。于是遂罢议止词。

奏曰："贤良、文学不明县官事，猥^②以盐铁为不便。请且罢郡国榷沽、关内铁官。"

奏："可。"

【注释】

① 愀（qiǎo）然：面色忧惧、严肃的样子。

② 猥（wěi）：随意。

历史回眸：榷沽

"榷沽"就是酒水专卖制度，该制度从汉朝开始，此后多个朝代延续实行。这项政策可增加政府财政收入，文学认为这是与民争利的政策。

【译文】

公卿们脸色铁青，朝堂上安静得好像没人一样。于是宣布会议结束，双方停止辩论。

公卿向皇帝上奏说："贤良、文学这些人不通晓国家大事，随意认为盐铁官营的政策会损害百姓利益。我们请求皇上暂时取消郡县封国的酒水专卖、函谷关以内铁器官营。"

上奏给皇帝后，皇帝回复说："准许。"

【论辩剖析】

　　见识到文学、贤良完全不再含蓄的抨击后，大夫面色难看地沉默了。也许锦衣玉食的他们也在反思，是否对百姓太过严苛。可能他们也没想到，自己一心为国，想要巩固国防、发展经济，最终却没有顾及百姓的生活。所以，他们也主动退让，不再反对废除部分制度。而皇帝对这个提议是认可的，文学、贤良获得辩论的部分胜利。

疏

作为正式辩论的最后一段对话，《取下》争执的要点还是要不要废除盐铁官营等制度。大夫抨击对方想废除这些政策是危害国本，"刁民"想霸占国家财富，给对方定性为"大逆不道，破坏上下之义"。贤良见此情形，也不再婉转地建议休养生息，而是直接罗列这些政策下民众的生活惨状。一顿抨击后，将"破坏上下大义"的责任反扣在大夫的头上。这些针锋相对的话脱口而出，贤良不等大夫反击，就接着抨击大夫身居高位而不体恤民情的伪善面目。

贤良气势恢宏的排比式对比，可谓相当出彩，言辞犀利、佐证有力、具有很强的感染力，将之前西汉百姓的困境全盘托出。官员们身着华服、享用珍馐、坐拥家产，悠闲自得地生存。而百姓呢？受冻挨饿、精疲力竭，戍边战士们思家不得回，亲人忧思过度。这段对比，深刻地嘲讽了官员们高高在上，不了解民间疾苦的情况。面对高官威严，贤良无所畏惧的姿态展现出"为民请命"的高洁操守。

在我们今天的人看来，大夫的很多想法是经过深谋远虑、有所依据的。巩固边防、发展商业、中央集权、打击豪强都是盐铁官营等政策的好处，但我们也要考虑封建王朝在实施这些政策时，能不能真正让百姓获得实惠，能不能制止贪官酷吏的恣意妄为。这些政策在实施过程中有害于民，民众自然也会怨声载道。

辍者无功，耕怠者无获

击之

论题解读：

　　本章《击之》讲边防战争话题，大夫想继续实行盐铁官营、均衡运输、酒水专卖等政策，很大一部分缘由都是为了解决边防问题。他们坚信，坚持汉武帝时期的政策，严厉打击匈奴，终有一天其会归附汉朝。大夫还举例"先帝之时，郡国颇烦于戎事，然亦宽三陲之役"来证明国防事业已经初步有所收获，现在停战就是前功尽弃。辩论双方气氛稍微缓和，但在焦点问题上，还是互不相让。文学认为民间已经因此困苦至深，必须要停下来，这也为后来采用重金和亲的策略与匈奴和解的议题奠定了基础。

既要以战止战，也要休养生息

　　贤良、文学既拜[①]，咸取列大夫，辞丞相、御史。

　　大夫曰："前议公事，贤良、文学称引往古，颇乖世务。论者不必相反，期于可行。往者，县官未事胡、越之时，边城四面受敌，北边尤被其苦。先帝绝三方之难，抚从方国，以为蕃②蔽，穷极郡国，以讨匈奴。匈奴壤界兽圈，孤弱无与，此困亡之时也。辽远不遂，使得复喘息，休养士马，负给③西域。西域迫近胡寇，沮心内解，必为巨患。是以主上欲扫除，烦仓廪之费也。终日逐禽，罢而释之，则非计也。盖舜绍绪，禹成功。今欲以《军兴》击之，何如？"

【注释】

①拜：授予官职。

②蕃：通"藩"，藩属国。

③给（dài）：哄骗。

历史回眸：列大夫

"列大夫"一词源自古代官制名称，这一职位源自战国时期。大夫是封建王朝的中高级官员，往往有较高的权力地位。列大夫则指被列为大夫的人，在西汉时期，这个词发展成诸侯对百家学子的尊称，列大夫不享有行政权力，只享有与大夫同等的官爵待遇。

【译文】

贤良、文学被封官，都获得列大夫的爵位，他们向丞相、御史等人告辞。

大夫说："几日前我们商讨公事，与贤良、文学称道讨论。你们引用古时王道的政治现象，与当下国家事务多有背离。我们参与讨论的双方最好不要再相互反对，朝廷期待你们提出合理可行的建议。在过去，朝廷尚未征讨边境匈奴、百越等地时，我们中原土地四面受敌，北方边境尤为遭受匈奴侵扰之苦。先皇武帝平定东越、南越和西南夷的灾祸，从根本上解决了东、南、西三个方向的边境难题，朝廷安抚那些归附汉家的方国，使这些地方变成保卫汉朝的藩属国和屏障，之后就可以调动汉家各个郡县的所有兵力来讨伐匈奴。匈奴生活的地区与荒凉的野兽生活的地区接壤，他们的势力孤单衰弱，又没有盟友援助，这就是他们危亡的关键时刻。可惜匈奴地域宽广遥远，我们没有实现彻底征服匈奴的愿望，给了匈奴苟延残喘的机会，他们休养军队战马，欺负哄骗西域各国。西域各国接近匈奴、归附汉朝的心被干扰破坏，向内归顺汉家的心思涣散，这一定会成为今后的大患。所以当今皇上想彻底击败匈奴，但这又要耗费国家钱财。我们从早到晚追杀禽兽，现在却停下来，放走猎物，这不是什么好主意。上古帝舜继承帝尧的治水事业，直到大禹时期才彻底完成。如今朝廷想以《军兴》之法，出击匈奴，诸位觉得怎么样？"

文学曰："异时，县官修轻赋，公用饶，人富给。其后，保胡、越，通四夷，费用不足。于是兴利害，算车舡①，以訾②助边，赎罪③告缗④，与人以患矣。甲士死于军旅，中士罢于转漕，仍之以科适⑤，吏征发极矣。夫劳而息之，极而反本，古之道也，虽舜、禹兴，不能易也。"

【注释】

①算车舡：征收车辆、船只的税。算：征税。

②訾（zī）：通"资"，经费。

③赎罪：西汉时期，罪犯可以用钱来赎罪。

④告缗：鼓励告发富户隐匿财产和逃漏税款的行为。参见《轻重》中"杨可告缗"。

⑤科适：因触犯科条律令而遭贬谪。科，法律，法条。适，通"谪"，贬谪。

文学说："以前，官府修正并减轻赋税，国库财富充足，人人富足到能满足自我需求。后来，国家要备军抵御匈奴和百越，征服四夷土地，这时候国家费用就不够了。朝廷于是想办法生财，向百姓征收车船赋税，以此作为边境征战的经费，甚至允许罪犯用钱抵罪，鼓舞民间百姓相互告发偷税漏税的行为，这些措施给百姓带来灾难。士兵战死沙场，征夫为完成物资水陆转运任务而疲惫不堪，再加上一旦触犯法律就会被贬谪，官府征收赋税和使用民力的情况已经达到极点。疲劳了就要休养，事情发展到了极致就应该回归根本，自古如此，即使是舜、禹再生，也是不能改变的。"

大夫曰："昔夏后底洪水之灾，百姓孔勤，罢于笼臿①，及至其后，咸享其功。先帝之时，郡国颇烦于戎事，然亦宽三陲之役②。语曰：'见机不遂者陨功。'一日违敌，累世为患。休劳用供，因弊③乘时。帝王之道，圣贤之所不能失也。功业有绪，恶劳而不卒，犹耕者倦休而困止也。夫事辍者无功，耕怠者无获也。"

【注释】

① 罢：同"疲"，疲惫。臿（chā）：铁锹，后写作"锸"。
② 三陲之役：东、南、北三方边境的战事。
③ 因弊：趁着敌人疲惫的时候。因，趁着。

【译文】

大夫说："昔日夏禹治理了洪水灾祸，夏朝百姓勤劳能干，疲于用铁锹挖土，用笼子装土，但是后来，百姓都享受了大禹治水的便利。而已故武帝时期，每个郡国都为征伐匈奴而烦恼，但东、南、北三方边境的战役也确实给人民带来了宽松的边疆环境。古语说过：'有机会不行动必然前功尽弃。'一日放过敌人，就导致后世祸患不断。我们让百姓休养生息是为了将来派上用场，在敌人疲惫的时候就要抓住机会动手。这才是完成霸业的道理，圣贤不能将其丢掉。我们前人的功劳后人要继承，因为受不了劳苦，就不完成讨伐匈奴的大业，这和农民因为困倦就不耕田区别不大。做事半途而废等于毫无建树，农民倦怠耕田也不会有什么收获。"

文学曰："地广而不德者国危，兵强而凌敌者身亡。虎兕① 相据，而蝼蚁得志。两敌相抗，而匹夫乘闲②。是以圣王见利虑害，见远存近。方今为县官计者，莫若偃兵休士，厚币结和亲，修文德而已。若不恤人之急，不计其难，弊所恃以穷无用之地，亡十获一，非文学之所知也。"

【注释】

① 兕（sì）：犀牛。
② 乘闲：乘机钻空子。闲，通"间"。

【译文】

文学说："土地辽阔却不修德行的国家是危险的，兵强马壮就去攻打敌人的人自己也会伤亡。老虎与犀牛僵持，蝼蛄和蚂蚁各做各的。两个劲敌对抗，匹夫势力就会乘虚而入。因此，圣明君主见到好处就会先想坏处，见到远处的事就要问问近处。当下我们替中央考虑，还不如休整军队，用重礼与匈奴结亲，专心于修文德。如果不体谅百姓的辛劳，不考虑百姓的难处，把所依仗的都弄得疲惫不堪而去争夺无用的土地，这种丢了十分收获一分的行为，是我们儒生无法理解的。"

【论辩剖析】

　　文学、贤良因为敢于直言，获封列大夫。大夫也停止激烈的言语，双方的对话较为平和。大夫试图以退为进劝文学、贤良，先是表明文学、贤良未必真正了解边境时局，再阐述抗击匈奴已经初有效果，现在放弃就是前功尽弃，匈奴贪婪，一定会后患无穷。大夫试图讲清楚，征服匈奴是功在千秋的大事，一定要坚持下去。而文学、贤良也坚持自己的观点，他们讲述民间疾苦，说长期的战争已经伤民极深，国家可以暂时停止和匈奴的战事。

疏

　　《击之》是正式会议外大夫和文学、贤良的又一次辩论。大夫先发言，表明文学、贤良有时不了解边患的实际情况。战争是匈奴不断南下掠夺边民引起的，而且匈奴实在是贪婪，还想联合其他政权来威胁西汉王朝。这是对匈奴作战的必要性所在。接着，大夫又举出西汉在汉武帝时期已经取得的硕硕战果，现在停战会导致前功尽弃，大汉有实力继续取得战争的胜利，这是对匈奴作战的现实性所在。

　　文学不正面回应大夫的观点，而是从战争的后果展开论述。大夫口口声声说备战是为了黎民百姓，但实际上对匈奴的战争还没有取得彻底的胜利，百姓却已经被战争徭役拖入困境。百姓原本安居乐业，结果因朝廷备战，加重赋税劳役，导致生活困难，还需要经受家破人亡的痛苦。为了尽可能筹措军需，朝廷要求百姓举报偷税漏税行为，加上贪官酷吏横行，人人自危，民风一落千丈。继续战争是否能带来美好生活尚不知晓，但现在百姓的美好生活化为乌有则已成事实。

　　大夫则针锋相对地举例，大禹治水前百姓也困苦。虽然当下面临困境，但更应该勇敢克服，战争打完后百姓自然受益。在这里，大夫放弃说服对方，而是用类比大禹治水来道德绑架对方，将文学、贤良置于不忠义的境地。面对大夫的反击，文学的回应也变得委婉起来。他们表示备战保境安民是为国家考量，停战节约民力何尝不是为国家考量呢？不过，与匈奴是战还是和，几乎贯穿两汉整个历程，远非一场辩论所能决定，和战选择更多还是取决于国力的强弱。

虽有诚信之心，不知权变，危亡之道

世务

论题解读：

《世务》即讨论"当下之务"。盐铁会议之所以召开，就是盐铁官营等政策造成的民间疾苦已经不容忽视，汉昭帝和霍光希望找到解决的办法。"当下之务"就是拿出一个可行方案：既能保证国家财政收入，守住战果，又能帮助民间百姓摆脱生活困境。大夫认为文学提出的"求和休战"是昏着。而文学依然是坚持对敌人要"去武行文，废力尚德，罢关梁，除障塞，以仁义导文"，来达到不战而胜的目的。大夫听到这种说法十分愤怒，说文学"议无徒守椎车之语，滑稽而不可循"。双方并没有达成一致意见。

面对强敌，以战止战

大夫曰："诸生妄言！议者令可详用，无徒守椎车之语[1]，滑稽而不可循。夫汉之有匈奴，譬若木之有蠹[2]，如人有疾，不治则浸以深。故谋臣以为击夺以困极之。诸生言以德怀之，此有其语而不可行也。诸生上无以似三王，下无以似近秦，令有司可举而行当世，安蒸庶[3]而宁边境者乎？"

【注释】

①守椎车之语：形容说过时的言论。

②蠹（dù）：指蛀虫。

③蒸庶：广大庶民。蒸，众。

【译文】

大夫说："各位儒生在讲胡话！谈论政治事务说出的决策要保证能施行，别总说那些过时没用的话，圆转自如却无法践行。我们大汉边境有匈奴，就像大树上长了虫子，就像人有疾病，不好好治疗就会病得更重。因此，我们觉得应该出击打败匈奴，让匈奴陷入困境。各位儒生嘴上说要以仁德感化匈奴，但这种话永远不能实现啊。各位儒生上没有像三王那样治国安邦的政策，下没有类似近秦那样富国强兵的法子，你们能提出让大夫在当下施行的好办法吗？能够使百姓安居乐业并保障边境安定吗？"

文学曰："昔齐桓公内附百姓，外绥诸侯，存亡接绝①，而天下从风。其后，德亏行衰，葵丘之会，振而矜之，叛者九国。《春秋》刺其不崇德而崇力也。故任德，则强楚告服，远国不召而自至；任力，则近者不亲，小国不附。此其效也。诚上观三王之所以昌，下论秦之所以亡，中述齐桓所以兴，去武行文，废力尚德，罢关梁②，除障塞，以仁义导之，则北垂③无寇虏之忧，中国无干戈之事矣。"

【注释】

①存亡接绝：存亡国，继绝世。前者如保存邢、卫、杞等国，后者如平定鲁国庆父之乱，立僖公为君。

②罢关梁：撤除关卡，以便货物流通。

③垂：通"陲"，边陲。

公元前 656 年齐楚召陵会盟，《左传·僖公四年》载楚国使者屈完对齐桓公说："君若以德绥诸侯，谁敢不服？君若以力，楚国方城以为城，汉水以为池，虽众，无所用之。"实际上已经是"强楚告服"。公元前 651 年，齐桓公召集鲁、宋、郑、许、曹等国在葵丘相会结盟，周天子派宰孔参加，并赐给齐桓公王室祭祀祖先时的祭肉，这就是著名的"葵丘会盟"。这标志着齐桓公已成为周王承认的合法霸主，也标志着齐国的霸业达到巅峰。

【译文】

文学说："以前，齐桓公在国内体恤百姓，在国外安定诸侯，留存亡国，继续绝世，天下诸侯风行草偃一般快速听从。后来，齐桓公德行亏损，在葵丘诸侯大会上，趾高气扬，骄傲自矜，随后多个国家背弃齐国。《春秋》中嘲讽齐桓公不重视仁德而崇尚武力的行为。因此，当齐桓公崇尚仁德、礼待天下的时候，连强大的楚国也前来臣服，远方的诸侯国不用征召就积极前来；当他凭借武力征服天下时，附近的诸侯国不会来亲近，就连小国也不会归附。这是崇尚仁德教化与崇尚武力征讨的不同效果。如果朝廷真正往上观察夏、商、周三位贤君的治国政策为什么会使国家繁荣，向下讨论强大的秦朝为什么会灭亡，在中间讲明齐桓公当政时齐国为什么崛起，假如朝廷摒弃武力攻打而选择仁德教化，废止暴力，崇尚德行，撤掉边境关卡，除掉要塞屏障，改用仁义来倡导天下人，那么北方边境的匈奴祸患自然会消失，中原就没有战争了。"

面对边防难题，大夫主张武力攻打，文学主张仁德教化。大夫抨击文学提出的德育办法虚无缥缈，无法解决眼前的局势。没有安定的边疆又何谈民生安稳呢？靠感化来收服狡诈贪婪的匈奴简直是无稽之谈。大夫的法家思想表露无遗，他们不相信所谓的"德政"有让天下太平、敌人止战的力量，对敌人一定要坚决反击。文学则继续从儒家思想的角度思考对策，提出善待百姓和匈奴，百姓自然会感恩，匈奴也会止兵。但文学举的例子是春秋周礼约束下的诸侯国关系，这种德仁的思想其实不符合数百年后的社会环境。匈奴可没有春秋君主那些周礼的约束。因此，文学的想法有许多不切实际的地方。

文治+武功=太平盛世

大夫曰："事不豫①辨，不可以应卒②。内无备，不可以御敌。《诗》云：'诰③尔民人，谨尔侯度，用戒不虞。'故有文事，必有武备④。昔宋襄公信楚而不备，以取大辱焉，身执囚而国几亡。故虽有诚信之心，不知权变，危亡之道也。《春秋》不与夷、狄之执中国，为其无信也。匈奴贪狼，因时而动，乘可而发，飙举电至。而欲以诚信之心，金帛之宝，而信无义之诈，是犹亲跖、蹻而扶猛虎也。"

①豫：通"预"，预先。

②卒：通"猝"，突然。

③诰：通"告"，告诫。

④有文事，必有武备：《史记·孔子世家》记载孔子说："臣闻有文事者必有武备，有武事者必有文备。"

历史回眸：身执囚

"身执囚"出自宋襄公被楚庄公俘虏的典故。春秋霸主齐桓公逝世后，齐国大乱。宋襄公帮助齐孝公平定内乱后，自觉可以争霸，完全不顾及宋国在楚国、齐国这些传统大国面前实力微弱的现实，主张召开"盂之会"，想要在齐桓公后接任春秋霸主。对于不自量力的宋襄公，齐孝公满心不悦，直接没有出席会盟。楚庄公行事不按常理，狡诈多变，他做好准备，在周围安插军队。在会盟时，楚庄公直接命令军队俘虏宋襄公，并挟制宋襄公要求宋国投降。不过，春秋时期，各国受到周礼限制，不会随意乱杀君主。所以，即使是楚庄公各种要挟，宋人也坚决不投降。最终，楚庄公没能捞到好处，宋襄公也沦为"阶下囚"，成为各诸侯国的笑柄。后来，在鲁僖公的调停下，宋襄公才被释放。

【译文】

大夫说："事情没有提前辨识，就无法应对突发情况。境内没有边防军备，就无法抵御敌人的入侵。《诗经·大雅·抑》写道：'告诉你们百姓，遵守诸侯国法度，戒备意外事变。’所以国家既要有文治教化，更要有武备。过去宋襄公盲目相信楚国而不做任何防备，结果给自己招来奇耻大辱，被楚国军队俘虏囚禁，差点害得宋国因此灭亡。因此，即使怀有诚信，却不懂得事情的权变，这是导致国家危亡之路啊。《春秋》不赞同身为夷狄的楚国抓捕中原诸侯国宋襄公，这是因为楚国没有信用。匈奴像虎狼一样贪得无厌，他们乘机展开行动，借时出击，像狂风一样呼啸而来，又如闪电一样快速退去。你们却企图怀揣诚信对待他们，送他们黄金、丝绸和宝贝，盲目相信不讲任何诚信的谎言，这如同亲近盗跖、庄蹻这种盗贼而帮助猛虎。”

文学曰："《春秋》'王者无敌。'言其仁厚，其德美，天下宾服，莫敢交 ①也。德行延及方外 ②，舟车所臻，足迹所及，莫不被泽。蛮、貊异国，重译自至。方此之时，天下和同，君臣一德，外内相信，上下辑睦 ③。兵设而不试，干戈闭藏而不用。老子曰：'兕无所用其角，螫虫无所输其毒。'故君仁莫不仁，君义莫不义。世安得跖、蹻而亲之乎？"

【注释】

① 交：通 "较"，较量。

② 方外：国境之外。

③ 辑睦：和睦。

【译文】

文学说："《春秋》说 '天子没有人可以匹敌'。这句话是说天子心性仁厚，道德高尚美好，天下人都敬佩服从他，没有人敢同天子较量。天子的崇高德行延续到国境之外，任何舟车所能到的地方，人的足迹所能抵达的地方，就没人不受到天子的恩泽。蛮荒之地的少数民族，经过多重翻译也要来朝拜。到了那时，天下太平统一，君臣同心同德，国内与国外互相信任，上下和谐。有军队却不需要征战，武器都收在库房里不使用。老子说：'犀牛没有用牛角的地方，毒虫没有释放毒液的地方。'如果君主仁厚，那所有人都仁厚，如果君主不仁厚，也没有人仁厚。这世界上哪里有盗跖、庄蹻这种人可以亲近呢？"

大夫曰："布心腹，质情素，信诚内感，义形乎色①。宋华元、楚司马子反之相睹也，符契内合，诚有以相信也。今匈奴挟不信之心，怀不测之诈，见利如前，乘便而起，潜进市侧，以袭无备。是犹措②重宝于道路而莫之守也。求其不亡，何可得乎？"

【注释】

① 义形乎色：心中有仁义，而外在表现在脸上。
② 措：放置，安放。

历史回眸：以信相交

　　春秋时期，楚宋两国交战。楚国大夫司马子反去打探对方军情，遇上宋国大将华元并向他询问宋国的状况，华元诚恳地告诉他宋国已经到了非常衰弱的程度，民不聊生。司马子反出于忠义，也告诉他楚国已经粮草不济，撑不过七天。司马子反回到楚营后，将实情告知楚王并成功劝他退兵。这也是春秋时期，诸侯国遵循周礼的一个典范。

大夫说："言语间表露真实想法，谈话间表露真实情感，心怀诚信仁义，会表露在脸上。春秋时期宋国大夫华元、楚国司马子反碰面时，二人的心灵像符契一样契合，这是因为他们的确相互信任啊。而当下匈奴带着不讲信用的心思，肚子里怀揣着无法预料的奸计，见到利益就扑上来，逮到便利就跳起来，他们潜藏在集市周边，偷袭毫无防备的中原百姓。这好比把珍贵宝物放在路边而没人看守。这样做，然后盼望不丢失，怎么能实现呢？"

文学曰："诚信著乎天下，醇①德流乎四海，则近者哥②讴而乐之，远者执禽而朝之。故正近者不以威，来远者不以武，德义修而任贤良也。故民之于事也，辞佚③而就劳，于财也，辞多而就寡。上下交让，道路雁行。方此之时，贱货而贵德，重义而轻利，赏之不窃，何宝之守也！"

【注释】

① 醇：通"纯"，形容美好的品德。
② 哥：通"歌"，歌颂。
③ 佚：通"逸"，安逸。

【译文】

文学说："君主的诚信展现在天下人面前，美好的德行遍布国内，那么近处的百姓会歌颂赞美他，使他快乐，远处的百姓会带着礼品来朝见他。因此，纠正近处的人不用威严，征服远方的人不靠武力，君主是靠着修明仁义且任用贤良人才而安稳天下。所以，百姓对于事务，辞去安逸却选择辛劳，对于财物，退掉多的而选择少的。国内上下交好、礼让，道路上的行人像大雁飞行一般整齐。到那时，人人看轻财物而重视德行，看重道义却轻视利益，即使用奖赏让他去行窃他都不去，还看守什么宝物呢！"

【论辩剖析】

　　文学提到了春秋时期讲究"礼"的情况，大夫顺势列举春秋宋襄公恰恰因为盲目讲礼而导致自己身陷囹圄。可见，面对不讲诚信的对手，单纯靠道德感化是没用的。由此佐证当下情况，西汉想感化匈奴也是不现实的，甚至是在养虎为患。文学并没有正面回应，而是说如果君主仁德，自然不会有奸恶的人，又从何谈起养虎为患呢？双方的观点各有逻辑，但文学的观点显然有先入为主的理想主义色彩。接着，大夫提出不设军备等同于自寻死路的观点，而文学还坚持要靠道德感化。法家思想和儒家思想在边防问题上激烈交锋，文学理想化的观念在现实边患面前显得有些苍白无力。

疏

　　《世务》更像是前文内容的总结辩论，双方把最需要解决的问题摆在明面上商讨，大夫试图给文学讲清楚边防的利害关系，并在法家思想的引导下，提出坚持抗击匈奴的重要性。而文学坚持儒家以德行治理天下的说辞，双方围绕这个问题始终不能统一意见。

　　他们举的例子多数来自春秋时期。历史上，春秋各国的战争受"周礼"制约。各诸侯国即使对角逐霸主地位跃跃欲试，但各国之间的战争比较讲求"礼"。宋襄公被自称"蛮夷"、不懂礼的楚庄王俘虏，楚庄王尚且会考虑杀害他国国君会破坏大义而不敢轻举妄动。可见，那时候，争霸虽然激烈，但各国间还是坚持一种朴素的国家道德观。

　　文学围绕匈奴与汉对峙的状况，提出要汉昭帝也像春秋时期的贤明君主一样，对天下人怀有恩德，不要武力要德治。甚至展望出一个君臣和睦、止战息兵的理想社会。大夫作为坚定的法家思想者，他们不相信靠道德就能感化匈奴。在他们看来，匈奴贪婪又不讲道义，对其行"仁义"甚至会被反咬。匈奴洗掠大汉边境，大汉就应该积极出兵守护边境，坚决打击匈奴而不能心慈手软。

　　面对汉匈和战的现实问题，在我们现代人看来，双方的辩论中，大夫的话更有道理，毕竟"客人来了有好酒，豺狼来了有猎枪"才是国家间交往中更符合实际的选择，一味地"感化"敌人并不可取。

反复无信，百约百叛

和亲

论题解读：

　　和亲，是西汉初期百业待兴、国力不足时采取的权宜之策。汉武帝时期，汉朝国力强盛，于是汉武帝听从王恢的计谋，想要在马邑伏击匈奴，结果被匈奴识破，"马邑之围"没有达到预想中的效果，匈奴也再次反复侵扰汉朝边境。汉武帝派卫青、霍去病出击匈奴，并取得重大胜利。在这样的历史背景下，大夫秉承法家思想主战，不向匈奴示好。儒家思想则是坚持和亲，要求汉朝君主罢兵而行仁政。

施行仁德，也要筑好长城

　　大夫曰："昔徐偃王行义而灭，鲁哀公好儒而削。知文而不知武，知一而不知二。故君子笃仁以行，然必筑城以自守，设械以自备，为不仁者之害己也。是以古者，蒐狩①振旅而数军实焉，恐民之愉佚②而亡戒难。故兵革者国之用，城垒者国之固也；而欲罢之，是去表见③里，示匈奴心腹也。匈奴轻举潜进，以袭空虚，是犹不介④而当矢石之蹊⑤，祸必不振。此边境之所惧，而有司之所忧也。"

历史回眸：徐偃王行仁义而灭

　　徐偃王（徐伯）是西周时期徐国第 32 代君主。周穆王时期，由于徐偃王施行仁政，徐国国势日益强盛，吸引了越来越多的人归附，其势力范围也在不断扩大，甚至改"伯"自称为"王"。周穆王以徐偃王"僭越"称王、"逾制"建城为由，联合楚军突袭徐国。徐偃王得到消息后，不愿看到百姓受伤害，"北走彭城武原山，百姓随者万余家"。孔子对徐偃王评价："躬行仁义，远近悦服"。

历史回眸：鲁哀公好儒而削

　　鲁哀公是鲁定公的儿子，在位期间对抗三桓势力失败，最终流亡。但鲁哀公曾有意重用孔子施行仁政，打击权贵，可惜以失败告终。

【注释】

①蒐狝（sōu xiǎn）：古代春猎叫蒐，秋猎叫狝。

②愉（tōu）：苟且偷生。佚：通"逸"，安逸。

③见：同"现"，呈现。

④介：通"甲"，盔甲。

⑤蹊（xī）：小路。

大夫说:"从前徐偃王施行仁政而灭亡,鲁哀公偏好重用儒生导致自己的实力被削弱。他们只知道文治,不懂得武功,对一件事情只知道一方面却不能两方面都了解。因此,君子相信仁德行事,但也要筑起长城来保护自己,设置器械来保卫自我,这都能用来防止坏人伤害自己。因此在古时候,春秋组织打猎活动,休整军队,检验车马、士卒、装备,害怕民众苟且偷安而忘记预防危险。所以说,兵器、铠甲都是用来保家卫国的,城墙、堡垒都是用来巩固国防的。现在你们想要把这些军备国防都撤掉,这就是去了武装露出内里,把心腹要害展示给匈奴啊。匈奴兵轻装上阵,秘密前行,偷袭我们防备空虚的地界,这和不穿铠甲站在有飞箭和石块砸来的路上有什么区别?灾祸必定无处可避。这就是边境所担忧的事情,也是我们主管官员担心的情况。"

文学曰:"往者①,通关梁,交有无②,自单于③以下,皆亲汉内附,往来长城之下。其后,王恢误谋马邑,匈奴绝和亲,攻当路塞,祸纷挐④而不解,兵连而不息,边民不解甲弛弩,行数十年,介胄⑤而耕耘,钼耰⑥而候望,燧燔⑦烽举,丁壮弧弦而出斗,老者超越而入葆⑧。言之足以流涕寒心,则仁者不忍也。《诗》云:'投我以桃,报之以李。'未闻善往而有恶来者。故君子敬而无失,与人恭而有礼,四海之内,皆为兄弟也。故内省不疚,夫何忧何惧!"

① 往者:过去。

② 交有无:与匈奴互换物产,互通有无。

③ 单(chán)于:匈奴君主称作"单于"。

④ 纷挐(ná):纠缠,连接。

⑤介胄（zhòu）：名词用作动词，身着铠甲，头戴头盔。

⑥鉏：同"锄"，耕田。櫌（yōu）：椰头状农具，可捣碎土块。

⑦燧（suì）：烽火，用来报告紧急军情。燔（fán）：燃烧。

⑧葆：通"堡"，堡垒。

历史回眸：马邑之谋

马邑之谋是西汉策划的一场对匈奴的诱敌歼灭战。汉武帝元光二年（公元前133年），大将王恢建议汉武帝诱使匈奴进攻马邑（今山西朔州），以将其一举歼灭。汉武帝采纳了这一建议，派出三十万大军埋伏。王恢派出马邑人聂壹与匈奴交好，引诱匈奴单于带兵进入埋伏。但狡猾的匈奴很快察觉到不对劲，于是抓来汉巡边的雁门尉史拷问，得知是埋伏后便紧急撤军。其他大将不畏惧匈奴人多势众，拼力追击，王恢却怯战不出兵，导致汉军计划完全落空。作为策划者，王恢临阵脱逃，后又求助皇太后想脱罪。一无所获的汉武帝十分愤怒，要严惩王恢，王恢不得已自尽。

【译文】

文学说："以前，我们与匈奴开放关卡、桥梁，互相交换物资，从单于到匈奴百姓，心里都是亲近汉朝的，想要归顺我们，与我们在长城下交流。但之后，王恢谋划马邑之役，导致匈奴与我们断绝和亲，攻打我们交通要道上的关塞，灾难纠缠不断，国家战争不停，边境的百姓不敢卸下铠甲，不敢放下弓箭，这样过了几十年，百姓身披铠甲、手握兵器而耕耘，手里拿着锄头、木櫌来观察敌情，边关上烽火不断，青壮年拿着弓箭出去和敌人拼杀，老人只能躲在堡垒中避难。这些话说来让人流泪心寒，而仁义的人绝不允许这样。

《诗经·大雅·抑》写道：'扔给我一个桃，我回报你一个李子。'我从不曾听说满怀善意去交往而换来恶意的。所以君子谦恭严肃却不失礼仪，如果我们也能谦恭有礼，那么普天之下，大家都是兄弟。因此只要自我内心反省就能没有愧疚，这有什么可担忧，又有什么好害怕的呢！"

[论辩剖析]

汉初有与匈奴和亲的传统，但这只是缓兵之计。匈奴人狡诈无信，和亲并不能满足其胃口，仍是不断洗掠汉朝边境。大夫主张通过战争来打击匈奴势力。他们举出"徐偃王行义而灭，鲁哀公好儒而削"的例子来证明重文废武可能会导致国家颠覆。大夫指出加强边防自古不可或缺，边防松懈，国家岌岌可危。文学反对这种看法，他们认为匈奴并非无法感化，汉王朝施行仁政必定能改善两边的关系，使得天下太平，让边境人民早日脱困。然而，当时汉匈实力已经反转，汉武帝时期，卫青、霍去病更是在对匈奴的战争中取得大胜，无论是现实需要还是舆论环境，文学的主张都不符合当时的情况。

别和不讲信用的人讲道理

大夫曰："自春秋诸夏之君，会聚相结，三会之后，乖①疑相从，伐战不止；六国从亲，冠带相接，然未尝有坚约。况禽兽之国乎！《春秋》存君在楚，诘鼬②之会书公，绐③夷、狄也。匈奴数和亲，而常先犯约，贪侵盗驱，长诈之国也。反复无信，百约百叛，若砆、象④之不移，商均⑤之不化。而欲信其用兵之备，亲之以德，亦难矣。"

① 乖：乖张，个性不一。

② 诘鼬（jié yòu）：这里指诘鼬会盟。

③ 绐：通"殆"，有危害。

④ 硃：一作"朱"，尧的不肖子丹朱。象：舜的弟弟，性格恶劣。

⑤ 商均：舜的不肖子。

【译文】

大夫说："自春秋时期以来，中原的各位国君结盟聚会，经过多次结盟后，彼此间互相怀疑不断，各国互相攻打，战争不停；战国时，崤函以东的六国纵向联合抗秦，各国的使臣冠带相望于道，频繁来往，但是六国间从未有过坚定的盟约。中原文明国家尚且如此，更何况边境的匈奴呢？《春秋》记载着被扣留在楚国的鲁襄公，也记载了鲁定公参加诘鼬会盟，都认为夷、狄会带来危险变故。匈奴多次和我们和亲交好，却常常先违背誓约，他们贪婪无度，侵犯我国，是经常出尔反尔、狡诈奸险的国家啊。匈奴人反复无常，不讲信用，百次盟约就会百次背弃，和尧的不肖子丹朱、舜的不肖弟象一样顽固不化，像舜的不肖子商均一样无法感化。而你们却要听任匈奴作用兵的准备，用仁德感化他们，这是很难的。"

文学曰："王者中立而听乎天下，德施方外，绝国殊俗，臻于阙廷，凤皇①在列树，麒麟在郊薮②，群生庶物，莫不被泽。非足行而仁办之也，推其仁恩而皇之，诚也。范蠡出于越，由余长于胡，皆为霸王贤佐。故政有不从之教，而世无不可化之民。《诗》云：'酌彼行潦，挹彼注兹。③'故公刘处戎、狄，戎、狄化之。太王去豳，豳民随之。周公修德，而越裳氏来。其从善如影响。

为政务以德亲近，何忧于彼之不改？"

① 凤皇：指凤凰，皇通"凰"。

② 郊薮（sǒu）：荒郊野岭。

③ 酌彼行潦（lǎo），挹（yì）彼注兹：出自《诗经·大雅·泂酌》。酌，通"爵"，中国古代的一种酒器。行潦，路边的积水。挹，舀出。

【译文】

　　文学说："天子身处朝堂却能掌握天下人，将自己的恩德施加到国外，使距离我们很远的、与我们习俗不同的各国都前来朝拜，凤凰栖息于树枝，麒麟游玩于野外，世间万物无不承受着天子恩惠。这并非天子亲自跑路经办的，而是天子推行仁政使天下臣服，这是出自天子的诚心啊。范蠡来自蛮夷越国，由余在西戎成长，但他们最终都成为贤君明主的得力助手。因此，只有朝廷会发布无法执行的命令，天下却没有无法教化的百姓。《诗经·大雅·泂酌》里说：'舀取路边的水，倒进这边。'因此公刘在戎狄之地居住时，戎狄百姓被公刘的德行教化。周太王离开豳地，豳地的百姓跟着他迁居。周公修养个人德行，越裳氏前来朝贡。百姓向善，和影子跟从身形、响声伴随动作一样容易。朝廷施政，如果能善待匈奴，哪里用得着担忧他们天性不改呢？"

疏

《和亲》是围绕西汉初期的"和亲"政策展开的，是处理边境问题时避不开的话题。"马邑之役"也确实使得汉朝结束了自汉初以来不得已为之的屈辱"和亲"政策。卫青、霍去病等将领率军与匈奴作战，并在漠北之战中取得决定性胜利。

然而汉朝出击匈奴并非一帆风顺，汉武帝征和三年（公元前90年），李广利率军深入漠北却全军覆没。匈奴重新掌控漠北。由此汉朝暂时停止对匈奴的进攻，与匈奴的和战问题再次成为议题。

大夫作为"主战派"自然更期待在战场上击败匈奴，而不是施行仁政，通过和亲与匈奴交好。

文学不以为然，他们坚持儒家"德治天下"的理念，认为是汉朝先对匈奴怀有敌意，应该效仿先秦明君，"以德报怨"治理天下。他们自然主张与匈奴和亲，同时放弃军备政策。

就文学的观点而言，我们能深刻体会到大夫前文中批评文学思想迂腐、不懂形势的话不无道理。匈奴野心勃勃，以礼相待并不能从根本上解决匈奴对汉边境的威胁。放弃边防就等于放弃安稳，这是汉匈面临的现实问题。

但文学提出这样的观点也有他们现实的考量，边境民众因为长期备战，生活难以维持，中原地区百姓为支援边境，承受着重税收、重劳役，这都加剧了百姓对朝廷的不满。这次争论双方并没有摆脱边境备战政策是否继续的话题，也没有很好地劝服对方。回顾历史，文学的主张显然没有被采纳。从汉昭帝即位后到汉元帝建昭三年（公元前36年），汉朝六战六捷，直到陈汤灭郅支单于，北匈奴灭亡，南匈奴归附称臣，西汉与匈奴的百年大战才宣告结束。

善攻不待坚甲而克，善守不待渠梁而固

繇役

论题解读：

《繇役》延续前文对边境政策的讨论，继续探讨繁重的兵役、劳役是否能废除。文学的观点很鲜明：兵役、劳役导致百姓妻离子散、穷困潦倒，应当废止。大夫则全力反对，他们表明自古边防就是重点，为加强军备而维持兵役、劳役合情合理。大夫甚至特别指出汉武帝也同样节衣缩食为国家筹备军费，百姓理应效仿汉武帝，为国做贡献，进而批评文学不能体谅国君。

法家PK儒家，谁是赢家？

大夫曰："屠者解分中理①，可横以手而离也；至其抽筋凿骨，非行金斧不能决。圣主循性而化，有不从者，亦将举兵而征之，是以汤诛葛伯，文王诛犬夷。及后戎、狄猾②夏，中国不宁，周宣王、仲山甫式遏寇虐。《诗》云：'薄伐猃狁，至于太原。③''出车彭彭，城彼朔方。④'自古明王不能无征伐而服不义，不能无城垒而御强暴也。"

① 中理：契合肌肉纹理。

② 猾：扰乱。

③ 薄伐猃狁（xiǎn yǔn），至于太原：出兵攻打猃狁，打到太原为止。

④ 出车彭彭，城彼朔方：战车出行时彭彭（砰砰）作响，军队要到北方筑城。

【译文】

大夫说："屠夫解剖骨肉时要契合骨肉的纹理，这样可以从侧边用手撕开肉块；至于抽筋剃骨头，除了用大斧子外别无他法。明君遵循人性而对百姓进行教化，有不服从的人，也要发动军队去征讨。因此有了商汤诛讨葛伯，文王诛讨犬夷。到后世戎狄扰乱中原平静，中原百姓不得安宁，周宣王、仲山甫也出兵阻止戎狄侵扰。《诗经·小雅·六月》说：'出兵讨伐猃狁，一直打到太原地区。'《诗经·小雅·出车》说：'战车出行发出砰砰声，我们到那北方建造城市。'从古至今，明君不能不通过征伐而使得不义之人服从，不能不修建城墙堡垒来抵御进犯。"

文学曰："舜执干戚而有苗服，文王底德而怀四夷。《诗》云：'镐京辟雍，自西自东，自南自北，无思不服。①'普天之下，惟人面之伦，莫不引领而归其义。故画地为境，人莫之犯。子曰：'白刃可冒，中庸不可入。'至德之谓也。故善攻不待坚甲而克，善守不待渠②梁而固。武王之伐殷也，执黄钺，誓牧之野，天下之士莫不愿为之用。既而偃兵，搢③笏④而朝，天下之民莫不愿为之臣。既以义取之，以德守之。秦以力取之，以法守之，本末不得，故亡。夫文犹可长用，而武难久行也。"

①镐（hào）京：西周首都。辟雍：西周学宫。

②渠：这里指护城河。

③搢（jìn）：插。

④笏（hù）：朝笏，臣子上朝所执的板子。

【译文】

文学说："帝舜下令士兵手拿盾牌大斧跳战舞而使苗族人臣服，周文王施行仁政而使四夷服从。《诗经·大雅·文王有声》说：'西周时镐京建立辟雍，从西到东，从南到北，天下无人不服。'普天之下，只要是人，没有不伸长脖子来表示自己归顺道义的。因此，只要在地面上画出界线，天下人没有不遵守的。孔子说：'白刀子可以侵犯，但中庸不可侵入。'这就是在说最高道德啊。因此善战之人不用坚硬的盔甲去击败敌人，善守之人不用护城的沟渠来防备敌人。武王伐纣，手握黄钺，在牧野誓师，天下军队都愿意跟随他征战。战后立即收兵，群臣手拿朝笏安稳朝政，天下民众都愿意归顺他。周朝凭借大义夺得天下政权，又以仁德巩固它。秦朝以武力夺取天下政权，又以严酷刑法守卫它，这是本末倒置的举措，最终也因此灭亡。所以，文治天下可以长久，而武功天下则短暂。"

【论辩剖析】

大夫开篇用古代贤君的例子表明，有些战事无法避免，早做防御才是取胜之道。由此证明自己主张的加强军备的合理性。而文学则表示，自古以来，以文治收服人心才能保障太平，武力征服最终会失去民心，通过周朝仁德治国收服天下，秦朝暴力治国失去政权的对比，主张施行仁政，废除过度备军。这里还是法家与儒家治国理念的交锋，双方互不相让。

十五从军征，八十始得归

大夫曰："《诗》云：'猃狁孔炽，我是用戒。''武夫潢潢，经营四方。'故守御征伐，所由来久矣。《春秋》大戎未至而豫御之。故四支^①强而躯体固，华叶茂而本根据。故饬四境所以安中国也，发戍漕所以审劳佚^②也。主忧者臣劳，上危者下死。先帝忧百姓不赡，出禁钱，解乘舆骖^③，贬乐损膳，以赈穷备边费。未见报施之义，而见沮成之理，非所闻也。"

【注释】

① 支：同"肢"，躯体。

② 佚：通"逸"，安逸。

③ 解乘舆骖（cān）：解下皇帝车舆上的骖马。乘舆，指古代皇帝的车辆。

【译文】

大夫说："《诗经·小雅·六月》说：'猃狁气焰猖狂，所以形势急迫。'《诗经·大雅·江汉》又说：'将士英勇无畏，敢于征战四方。'由此可见，守卫边疆，讨伐蛮夷的传统，由来已久。《春秋》中赞扬了戎敌未到就先行防御的行为。由此可见，人只有四肢健壮才会身体健康，植物必须花繁叶茂才能长得树大根深。因此我们边境备军是为了巩固中原地区的安稳，戍边漕运等劳役的征用要做到一劳永逸。君主有所顾虑时臣子应该多操劳，上位者危险时下位者理应要为之献身。先皇武帝忧虑百姓穷困，拿出皇室经费，甚至解下皇帝马车上的骖马，减少音乐娱乐的支出，降低伙食消耗，来赈济贫困，补给边防费用。我没看到你们感恩先皇的恩德，反而看到你们抨击先人功劳的歪理，这是我没有听说过的情况。"

文学曰："周道衰，王迹熄，诸侯争强，大小相凌。是以强国务侵，弱国设备。甲士劳战阵，役于兵革，故君劳而民困苦也。今中国为一统，而方内①不安，徭役远而外内烦也。古者，无过年之繇②，无逾时之役。今近者数千里，远者过万里，历二期。长子不还，父母愁忧，妻子咏叹，愤懑之恨发动于心，慕思之积痛于骨髓。此《杕杜》《采薇》之所为作也。"

【注释】

① 方内：国内。
② 繇：通"徭"，徭役。

历史回眸：《采薇》

《采薇》是《诗经》中的名篇，其以返乡戍卒的口吻，讲述了戍边的艰辛生活和思归情怀，既透露出御敌胜利的喜悦，也反映了百姓征战之苦和期望和平的愿望。其中末章"昔我往矣，杨柳依依。今我来思，雨雪霏霏。行道迟迟，载渴载饥。我心伤悲，莫知我哀！"是千古传诵的名句。

【译文】

文学说："周朝王道衰落。圣王事迹消失，各诸侯国互相争霸，大国小国相互欺凌。因此强国致力于侵犯他国，弱国致力于设置军防。披甲军士劳苦于战争，被征战所役使，导致君主辛苦且百姓生活困难。当下中原统一，国内外却依然不安定，因为民众服劳役的地方太远导致内外都很烦躁。在古时候，没有超过一年的劳役，人们也不用服超过时限的兵役。如今百姓服役，离得近的走数千里路，离得远的走上万里路，用时超过两年。家中长子不归家，父母心怀忧虑，妻子哀叹，心中的愤恨积攒，思念的情感沉痛到骨髓。这就是《诗经·唐风·杕杜》《诗经·小雅·采薇》被创作出来的缘由啊。"

【论辩剖析】

大夫强调没有好的边防，何谈中原稳定。边防事业是必不可缺的，不仅是民众为此负担，连先帝（汉武帝）都禁止铺张，过着朴素的生活，通过节约经费来补给军费。先帝如此良苦用心，文学却一味地批评。这番话下来，大夫站在道德高处将文学批判了一顿。文学当然要辩解，他们依据现实表明不是百姓不知感恩，实在是民间负担不起过重的劳役、兵役，百姓的生活都无从维持，更不用谈稳定中原了。

疏

　　因为盐铁官营、酒类专卖等经济政策都是汉武帝为筹措军费而推行的，所以军备问题以及由此产生的劳役、兵役问题，都是双方避不开的话题。《繇役》就是为此展开的辩论。大夫和文学先是在"该文治还是该武功"上交锋，大夫表示，自古以来，很多贤德君主也四处征战，表明保卫国家的战争是不可避免的，早做打算才是最明智的，这样才能在战争中未雨绸缪。

　　面对大夫的说辞，文学当即列举周朝以大义治理国家，社会稳定，百姓归顺，而有名的武力征战、刑法残酷的秦王朝却早早崩塌，借助双方对比凸显仁德治国的重要性。

　　大夫强调为人臣子，为人百姓，就要为君主分担忧虑。汉武帝心忧百姓，自己缩减衣食，筹备军费。大夫的话更多的是回应文学之前对盐铁官营政策祸害民生的指责，意思是国防是所有人的事情，君主都为此节衣缩食，百姓为什么不能为国分忧呢？

　　文学抓住大夫这种说法中的漏洞立刻反击，自古就有劳役、兵役，但古时候人民生活节奏并不会被打乱，然而现实却是百姓服役时间过长，劳役过重，生活苦不堪言，不是百姓不为国分忧，而是百姓已经"过于忧"。这样，文学以现实情况有力地回击了大夫的言辞。

　　这次争辩到这里就结束了，双方都不能使对手信服。不过双方都显示出了辩论的智慧。大夫搬出汉武帝节衣缩食的例子在道德上指责文学，文学则抓住指责中的逻辑漏洞，避过对方的道德指责，反而让自己站在了道德制高点上。这是辩论赛中常见的逻辑圈套与躲避方法。

网疏则兽失，法疏则罪漏

刑德

论题解读：

　　"以德治国"还是"以法治国"？文学笃信孔孟之道，表示唯有道德教化才能真正实现国家的治理。而法家思想浓重的大夫则坚持韩非、商鞅的立场，要求施行重罚严刑管理民众。事实上，对于国家的"法治""德治"争论在各朝各代都从未停止，汉武帝时期的法令相对文帝、景帝时期是繁重严酷的，一定程度上导致了酷吏横行、百姓奸诈的乱象，所以关于社会治理的问题是迫切需要解决的。文学、大夫双方就此展开争论。

严刑峻法并非治国之本

　　大夫曰："令者所以教民也，法者所以督奸也。令严而民慎，法设而奸禁。网疏则兽失，法疏则罪漏。罪漏则民放佚而轻犯禁。故禁不必，怯夫徼幸①；诛诚，跖、蹻不犯。是以古者作五刑②，刻肌肤而民不逾矩。"

① 徼幸：通"侥幸"，此处指侥幸逃过。

② 五刑：古代五种刑法，分别是墨、劓（yì）、刖（yuè）、宫和大辟。

【译文】

大夫说："法令是用来教化民众的，条律是用来监督奸佞的。法度严酷会让百姓做事谨慎；法规一旦设定好，奸邪之事就会被禁止。罗网宽疏，就会让野兽逃脱；法律有漏洞，罪犯就会逃避惩罚。罪犯如果都逃脱惩罚，民众会生出放纵自己的念头，就会轻易触犯法律。如果法规执行得不坚决，那胆小之人也会心存侥幸去犯罪；如果各类刑法能够坚决贯彻实行，那么就连跖、蹻一样的大盗也不敢轻易触犯。因此古代设立墨、劓、刖、宫和大辟五种刑罚，还有各种带来皮肉之痛的刑罚，民众因此不敢轻易犯错。"

文学曰："道径众，人不知所由；法令众，民不知所辟。故王者之制法，昭乎如日月，故民不迷；旷乎若大路，故民不惑。幽隐远方，折乎知之，室女童妇，咸知所避。是以法令不犯，而狱①奸②不用也。昔秦法繁于秋荼③，而网密于凝脂。然而上下相遁，奸伪萌生，有司治之，若救烂扑焦，而不能禁；非网疏而罪漏，礼义废而刑罚任也。方今律令百有余篇，文章繁，罪名重，郡国用之疑惑，或浅或深，自吏明习者，不知所处，而况愚民！律令尘蠹于栈阁，吏不能遍睹，而况于愚民乎！此断狱所以滋众，而民犯禁滋多也。'宜奸宜狱，握粟出卜，自何能穀？④'刺刑法繁也。亲服之属甚众，上杀下杀，而服不过五。五刑之属三千，上附下附，而罪不过五。故治民之道，务笃其教而已。"

① 狱：监狱。

② 犴（àn）：古代乡亭政府设置的监牢。

③ 秋荼（tú）：秋天开白花的一种茅草。

④ 宜犴宜狱，握粟出卜，自何能毂：囚犯要入狱，手拿小米占卜，如何才能大吉大利。

历史回眸：上杀下杀

上杀（shài）下杀出自古代将亲属划分为"五服"的制度，拿自己当起点，往上推算，越亲近的人丧服越重，越疏远的人丧服越轻。向上推算叫作上杀，向下推算叫作下杀。

【译文】

文学说："道路很多，人就会不知道该走哪条道；条例繁杂，人也会苦恼该怎么规避。君主设置法令，应如日月般昭著鲜明，这样百姓才不感到疑惑；法令应如大路般宽广，这样百姓才不会陷入迷茫。不论在是幽暗之处还是遥远的地方，人们都明了法律，闺妇和少女也知道如何规避。这样以后，法律无人触犯，监狱空荡无须使用。昔日秦朝的法规多过秋天的杂草，法律之网比凝脂还细腻。但官员民众欺上瞒下，奸诈虚伪的事情不断冒出，主管官员想要治理这种情况，与想补好损坏的衣物、扑灭正在燃烧的火焰差不多，根本无法禁止；这不是法网疏漏使得罪人逃脱，这是舍弃礼义教化导致的刑罚乱用啊。如今我们的法律超过一百篇，法律条款繁多复杂，罪名刑罚力度重，各郡县和诸侯国在应用的时候时常疑惑，有的法规太浅显，有的法规太深邃，法条混乱到熟悉法规的官员都不知道如何定夺，更何况愚昧无知的民众呢？法律文件在书架上蒙上灰尘，生出蛀虫，条款繁多到官员都无法看完整，更何况愚昧无知的民众呢？这就是导致官员断案的频率增多，民众犯案的频率变大的主要因素啊。《诗经·小雅·小宛》里说：'犯人要进监狱，手握小米去占卜，如何才能得大吉。'这首诗歌就是用来嘲讽法律繁多的。五服之内的亲戚数量很多，不管向上减杀或是向下减杀，丧服制备都不超五等。与五刑相关的法条多达三千条，不管我们向上比对还是向下比对，给人定罪的范畴不会超过五刑。因此管理百姓的方法，不过是要重视礼教罢了。"

大夫曰："文学言王者立法，旷若大路。今驰道^①不小也，而民公犯之，以其罚罪之轻也。千仞之高，人不轻凌，千钧^②之重，人不轻举。商君刑弃灰于道，而秦民治。故盗马者死，盗牛者加^③，所以重本而绝轻疾之资也。武兵名食，所以佐边而重武备也。盗伤与杀同罪，所以累其心而责其意也。犹鲁以楚师伐齐，而《春秋》恶之。故轻之为重，浅之为深，有缘而然。法之微者，固非众人之所知也。"

【注释】

① 驰道：专供古代天子出行的大道。

② 钧：重量单位，古代三十斤为一钧。

③ 加：通"枷"，枷锁。

【译文】

大夫说："文学说贤明君主制定法规，法规应该如同大路般宽阔。当下我们的法律之路也不狭窄，但百姓还是公然犯罪，这不过是因为犯罪后的惩罚太轻。山高千仞，人也不敢轻易去攀登，鼎重千钧，人也不敢轻易去举重。商鞅对往道路上倒炉灰的人施刑，结果秦国的百姓得到治理。所以偷别人马匹的人判死罪，偷别人牛的人判枷锁囚禁，这就是重视农业根本，断绝百姓轻车驾驶、快马游走的方法啊。军队里粮食充足，这就是保护边境、重视军备的行为啊。偷窃中伤害他人和杀人一样重罚，这就是增加罪犯的心理顾虑且打消他们的犯罪意图的方法啊。这种行为和鲁国借助楚国军队去攻打齐国差不多，《春秋》对此行为深表厌烦。所以轻罪要重罚，浅罪要狠狠惩处，这样做是有深意的。至于法令法规的细微处，本来就不是普通人要懂的。"

文学曰："《诗》云：'周道如砥^①，其直如矢。'言其易也。'君子所履，小人所视。'言其明也。故德明而易从，法约而易行。今驰道经营陵陆，纡周天下，是以万里为民阱也。罻^②罗张而县^③其谷，辟陷设而当其蹊，缯^④弋饰而加其上，能勿离^⑤乎？聚其所欲，开其所利，仁义陵迟，能勿逾乎？故其末途，至于攻城入邑，损府库之金，盗宗庙之器，岂特千仞之高、千钧之重哉！管子曰：'四维不张，虽皋陶不能为士。'故德教废而诈伪行，礼义坏而奸邪兴，言无仁义也。仁者，爱之效也；义者，事之宜也。故君子爱仁以及物，治近以及远。《传》曰：'凡生之物，莫贵于人；人主之所贵，莫重于人。'故天之生万物以奉人也，主爱人以顺天也。闻以六畜禽兽养人，未闻以所养害人者也。鲁厩焚，孔子罢朝，问人不问马，贱畜而重人也。今盗马者罪死，盗牛者加。乘骑车马行驰道中，吏举苛^⑥而不止，以为盗马，而罪亦死。今伤人持其刀剑而亡，亦可谓盗武库兵而杀之乎？人主立法而民犯之，亦可以为逆面轻主约乎？深之可以死，轻之可以免，非法禁之意也。法者，缘人情而制，非设罪以陷人也。故《春秋》之治狱，论心定罪。志善而违于法者免，志恶而合于法者诛。今伤人未有所害，志不甚恶而合于法者，谓盗而伤人者耶？将执法者过耶？何于人心不厌也！古者，伤人有创者刑，盗有臧^⑦者罚，杀人者死。今取人兵刃以伤人，罪与杀人同，得无非其至意与？"

大夫俯仰未应对。

① 砥（dǐ）：磨刀石，形容大道笔直。

② 尉（wèi）罗张：罗网张开。

③ 县：同"悬"，悬在顶端。

④ 矰（zēng）：短箭。

⑤ 离：通"罹"，表遭受不幸。

⑥ 苛：通"呵"，禁止。

⑦ 臧：通"赃"。

历史回眸：论心定罪

论心定罪就是依据犯罪者的犯罪意图来定罪。汉武帝时期，甲乙两人斗殴，乙用佩剑刺甲，甲的儿子慌忙中用木棍敲击乙，却不小心打到自己的父亲。当时有人觉得儿子殴打父亲是重罪，而董仲舒借用《春秋》中的事例，主张此案件"论心定罪"，儿子无心打到父亲，并非有心忤逆，因而免除对儿子的惩罚。

【译文】

文学说："《诗经·小雅·大东》里说：'宽广大道如同磨刀石，像箭杆般笔直。'这就是在说大路平整。《大东》又说：'大路是给君子行走的，是给小人观赏的。'这说的是大路明显。因此道德明确百姓就容易跟从，法规简练百姓就容易践行。当下天子的驰道横穿山丘平地，又迂回环绕，因此万里江山给百姓布置下重重陷阱。如同罗网高悬在山谷上方，陷阱就布置在大路中央，装饰起来的短箭设置在高山上，百姓能不遭殃吗？把人们心里想的聚集在一起，把人们所贪图的展现出来，当仁义衰落时，百姓怎能不越轨呢？因此，放任其发展到最后，会到相互攻打城池，抢夺国库钱财，互相偷盗宗庙祭祀用具的程度，这又岂止是高千仞、重千钧呢！管子曾说：'礼、义、廉、耻四大纲纪无法振兴，即便是皋陶在世也当不好法官。'所以，抛弃道德教化就会使得奸险伪善的事情盛行，礼义崩塌也会导致奸佞乱行肆虐，这说的就是不讲求仁义的恶果啊。仁义是爱的表达，大义是事物适宜的状态。所以君子能将仁义由人推及至物，在治理好近处后再把法度推及远方。传记上说：'世间有生命的万物中，人最尊贵；明君所重视的东西中，没有比人命更重要的。'所以上天创造万物来滋养人，君主爱他的子民来归顺上天。我只知道饲养六畜野兽来滋养人的，而从未听说饲养六畜野兽来加害民众的。当时鲁国的马厩着火，孔子退朝回家，却只询问百姓是否受损，没有问马匹的情况，这表明孔子不看重畜生而看重人的安危。现在我们偷盗马的人会被判死刑，偷盗牛的人被戴上枷锁投入监狱。有人在驰道上驾车骑马，会被官吏严厉呵责，假如没有停止，那就会被判偷盗马匹一样的罪，被处以死刑。如果有人在伤人后拿着刀剑逃亡，也能说是他偷了兵库的武器就杀死他吗？君主制定了法令而民众不幸触犯，这难道能说是他当面轻视了君主吗？想判罪从严可以制定死刑，想判罪从宽可以免除死刑，这并不是法令产生的最初的目的啊。法令的制定应该依据情理，而不是为了陷害民众。所以孔子在《春秋》中判断案情，都是依据犯罪者的心理动机来定罪的。本身目的纯良而违反法令的人可以被免去刑罚，本身目的邪恶而符合法规的人要诛杀。假如无心伤人且没酿成大的祸患，本身目的不邪恶而合乎法条的罪犯，怎能够判他盗窃伤人呢？或者我们可以认为是执行法律的人太苛责吗？这种情形为什么不能让百姓心服口服呢？在古时候，恶意伤人导致他人重伤的要处罚，偷窃并查获赃款的人要被判刑，杀人的罪犯要被判死刑。但现在有人抢别人的武器自卫却被抓，被判与杀人同样的重罪，这样怕是违背了设立法规的本意吧？"大夫低头又抬头，没有说话。

大夫先发言，表示法令的意义就是惩戒坏人、警戒民众。古人先贤尚且设立五刑等惩罚，自然也要延续。文学则表示按照大夫的说法，法律条文已多到执行者都看不完，法律文件都多到长了虫子，反而让百姓愈发疑惑，犯罪事件愈发频繁。大夫接着表示，没有严厉的法度，罪犯会更加肆无忌惮，轻罪重罚是杜绝犯罪滋生的好方法。辩论双方都有道理，但文学接下来的发言占据了优势。他们抨击大夫的法治政策就像是给百姓织就了一张大网，时时刻刻防备着民众犯错，而制定律法最初的目的是引导人向善，而不是揪住民众的过错大罚特罚，所以攻破了大夫要"多多立法、严刑峻法"的逻辑。

法如缰绳，松紧有度

御史曰："执法者国之辔①衔，刑罚者国之维楫也。故辔衔不饬，虽王良不能以致远；维楫不设，虽良工不能以绝水。韩子疾有国者不能明其法势，御其臣下，富国强兵，以制敌御难，惑于愚儒之文词，以疑贤士之谋，举浮淫之蠹②，加之功实之上，而欲国之治，犹释阶而欲登高，无衔橛③而御捍④马也。今刑法设备，而民犹犯之，况无法乎？其乱必也！"

【注释】

①辔（pèi）：缰绳。

②蠹：蛀虫，韩非著作《五蠹》，将儒家、纵横家、侠客、君主近侍、工商业者并称为五种蠹虫。

③橛（jué）：马衔子。

④捍：通"悍"，凶悍暴躁。

【译文】

御史说："执行法规的人犹如国家的缰绳与马嚼子，刑罚如同国家的拉船缰绳和船桨。因此，如果马缰绳和马嚼子不能得到很好的治理，即使有驾车好手也不能走很远；如果不准备好系船大绳和船桨，即使有优秀船员也无法渡过河流。当年韩非就是痛恨掌控国家的诸侯无法明白法度权势的重要性，并以此来驾驭臣民，做到国富民强，击溃敌人，抵挡灾难，反倒是被迂腐的儒生用文辞糊弄，由此对谋士的计策产生怀疑，重用华而不实的蠹虫，让他们凌驾于真正有功劳的人之上，这样却想治理好国家，犹如放弃阶梯却想登上高处，不准备马衔却要驾驭烈马。当今，各种刑法条例设置完备，但民众依然会触犯法律，何况没有法律的时候呢？这样放任必然导致社会混乱啊！"

文学曰："辔衔者，御之具也，得良工而调。法势者，治之具也，得贤人而化。执辔非其人，则马奔驰。执轴①非其人，则船覆伤。昔吴使宰嚭②持轴而破其船，秦使赵高执辔而覆其车。今废仁义之术，而任刑名之徒，则复吴、秦之事也。夫为君者法三王，为相者法周公，为术者法孔子，此百世不易之道也。韩非非先王而不遵，舍正令而不从，卒蹈陷阱，身幽囚，客死于秦。夫不通大道而小辩，斯足以害其身而已。"

【注释】

①轴：通"舳（zhú）"，这里指船舵。

②宰嚭（pǐ）：吴国太宰伯嚭，他接受越国贿赂，说服吴王夫差释放越王勾践，陷害伍子胥，后被越人杀死。

【译文】

文学说："缰绳和马嚼子都只是驾车用具，搭配上优秀的车手才能发挥作用。法度权势都只是治国措施，明君善用贤才才能发挥其最大优势。手握缰绳的人如果不是优秀的车夫，马就会四处狂奔；掌舵的人如果技术不到位，船就会倾覆受损。古时吴国太宰伯嚭掌握国家权力之舵，导致船破人亡，秦国太监赵高执掌决定国家走向的缰绳，导致车翻国亡。如果废除儒家的仁政，改用信奉法术治国的人，必然导致吴国倾倒、秦国覆灭的灾祸重演。作为君主要效仿古代三位贤君，夏禹、商汤和周文王，丞相应该学习周公，研究思想学说的人应该效法孔子，这是百世不变的真理。韩非诋毁先王，不遵循先王的仁政道路，抛弃正确观念，最终身陷囹圄，被囚禁于监牢，客死于他乡秦国。不学习大道理只懂得小小的辩论技巧，这样足够自害其身罢了。"

【论辩剖析】

双方关于法度的讨论告一段落后，气愤的大夫立刻回击，指出法度就像马车的缰绳、大船的牵引，可以防止国家方向跑偏。他们言辞激烈，举出韩非的困境，指责当时反对韩非的人迂腐，指桑骂槐，批判文学思想落后。文学则不疾不徐地表示，没有好车夫、好船工，法度无法发挥作用，君主圣明施行仁政才是对的。在最后，文学又借韩非的境遇讽刺法家思想是在抛弃正道走错路。从司法实践的角度出发，"严刑重典"短期内有效，但长期看来，负面影响更为严重，并非公正和可持续的方式。

疏

　　国家治理中的法治与德治之争，古来就有。历史上，施行仁政治国成功的例子数不胜数。所以，文学坚持对百姓宽容，施行仁义教化，将人命置于高位的思想是可行的。但是，韩非等人代表的法家治国思想也同样在历代王朝中影响深远，法律完备，刑法严苛会克制住人性中的恶意也是真实的。所以，双方的出发点都有其合理性。

　　关于西汉还要不要继续施行较为严厉的法度的话题，还需要双方仔细斟酌。大夫坚定地认为严刑峻法有用，可以震慑恶念，让百姓向善，不敢犯罪。为此，他们主张轻罪严惩。文学则比较考虑百姓的感受，刑法条例越多对百姓限制越大，执行者尚且搞不清楚，缺乏知识的百姓只会更容易触犯法律。难道无心之失，也要背上沉重的惩戒吗？文学指出，无论是法治还是德治都是想让百姓更加纯良，现在，过多的法条、过重的惩处背离了教育的目的，反而像在设置法律陷阱让百姓去犯错。这部分的谈话，文学获得了短暂胜利，大夫甚至一度陷入无言以对的地步。

　　在文学看来，想治理好国家，君主行仁政才是重点，律法不过是辅助。在结尾，文学还借助韩非最终的悲惨下场，警告大夫不施行仁政就是在走错路。

　　在许多人看来，我国封建社会施行的是"外儒内法"，意思是说，思想上宣扬儒家思想，行动上实践法家思想。某种程度上，这也是"法治"和"德治"相结合的结果。

为治者不待自善之民，为轮者不待自曲之木

大论

论题解读：

《大论》也就是总论，是文学和大夫最后一场辩论对决。文学要“以礼治国”，大夫坚持“以法治国”，双方展开辩论。最终，大夫直接痛斥孔子犯顽固、贪婪、愚蠢和耻辱“四宗罪”，企图从根本上否定儒家思想。作为儒生的文学则奋起反击，坚决维护儒家思想和儒生形象。双方不欢而散，会议结束。

胡萝卜+大棒，永不过时

大夫曰：“呻吟槁简，诵死人之语，则有司不以①文学。文学知狱之在廷后而不知其事，闻其事而不知其务。夫治民者，若大匠之斫②，斧斤而行之，中绳③则止。杜大夫、王中尉之等，绳之以法，断之以刑，然后寇止奸禁。故射者因槷④，治者因法。虞、夏以文，殷、周以武，异时各有所施。今欲以敦朴之时，治抚弊⑤之民，是犹迁延而拯溺，揖让而救火也。”

【注释】

①以：通"似"，这里指似乎、就像。

②斫（zhuó）：削砍。

③中（zhòng）绳：切合绳墨的痕迹。

④槷（niè）：借为"臬"字，这里指箭靶。

⑤抏（wán）弊：奸诈，作弊。

【译文】

大夫说："吟唱早就干枯的竹简，朗诵去世之人的言语，我们官员可不像你们文学。文学只知晓监狱设置在朝堂后面，却对监狱中的事情不知晓，即使知道些细枝末节也不懂得怎么去处理。治理天下百姓，就要如木匠大力切砍、挥动斧头般干脆利落地来推行命令，符合绳墨一样合乎规定就停止。杜周大夫、王温舒中尉等人，能把坏人绳之以法，按律判刑，之后盗寇消失，奸行禁止。所以说射手要照着箭靶射箭，治理者要依照法令执法。虞、夏采用文治天下，殷、周却以武力夺得政权，时代不一样，治国的方法自然不同。当下想用质朴时期的文治教化，治理狡诈的百姓，这和拖延时间再去救助落水者，作揖鞠躬后才去救火有什么区别。"

文学曰："文王兴而民好善，幽、厉兴而民好暴，非性之殊，风俗使然也。故商、周之所以昌，桀、纣之所以亡也，汤、武非得伯夷之民以治，桀、纣非得跖、蹻之民以乱也，故治乱不在于民。孔子曰：'听讼吾犹人也，必也使无讼乎！'无讼者难，讼而听之易。夫不治其本而事其末①，古之所谓愚，今之所谓智。以棰楚②正乱，以刀笔正文，古之所谓贼，今之所谓贤也。"

① 本：这里指仁义之道。末：这里指刑罚之道。

② 棰楚：棰杖和藤条。

【译文】

文学说："周文王兴起仁德，然后百姓都积极向善，周幽王、周厉王兴起暴政，然后百姓就向往暴力，这不是民众的本性改变了，是社会风俗转变使然。因此商、周之所以兴盛，夏桀、殷纣王之所以覆灭，并非商汤、周武王有伯夷这样纯良的百姓才能治理好天下，也并非夏桀、殷纣王有了跖、蹻这样奸诈的民众才会导致天下大乱，因此天下的治理和混乱并不在于百姓。《论语》记载孔子说：'同其他人一样，我在断案时，一定会使人们不诉讼才好！'使人们不再诉讼难，有诉讼去审理就容易很多。不治理好事情的根本，却治理事情的微末。这就是古人所说的愚蠢，今人所说的明智。使用棰杖荆条纠正错误，用法吏刀笔判词来纠正文治，这就是古人常说的贼子，今人所说的贤人啊。"

大夫曰："俗非唐、虞之时，而世非许由之民，而欲废法以治，是犹不用隐括斧斤，欲挠曲①直枉也。故为治者不待自善之民，为轮者不待自曲之木。往者，应少、伯正之属溃梁、楚，昆卢、徐谷之徒乱齐、赵，山东、关内暴徒，保②人阻险。当此之时，不任斤斧，折之以武，而乃始设礼修文，有似穷医，欲以短针而攻疽③，孔丘以礼说跖也。"

【注释】

① 挠曲：使直木弯曲。

② 保：通"堡"，齐聚。

③ 攻疽（jū）：治疗毒疮。疽：恶疾，毒疮。

历史回眸：孔丘以礼说跖

《庄子·盗跖》记载"孔丘以礼说跖"的故事。孔子和柳下惠是好友，柳下惠有个弟弟叫柳下跖，是著名的江洋大盗。孔子劝柳下惠要承担起长兄职责，教导弟弟放弃盗贼行当。深知弟弟个性的柳下惠拒绝了，孔子不死心，带领弟子亲自去柳下跖的寨子劝服。对于柳下跖的为人，庄子评价他思想灵活如同喷涌的泉水，感情多变如同暴起的大风，强悍凶残到足以击溃任何对手，巧言善辩到能掩盖自己的一切过失，奉行"顺我者昌、逆我者亡"的宗旨，经常出言侮辱他人。这样一个完全无视礼仪、无法无天的柳下跖面对他所鄙夷的"书生"孔子，当然是毫不客气，一顿歪理雅说弄得孔子都哑口无言，并威胁恐吓孔子及其弟子，让能言善辩的孔子吃了大亏。

【译文】

大夫说："我们今天的风俗不同于唐尧、虞舜时期，百姓也不像许由那样，你们想废除法度来实现天下大治，就像不使用隐括、斧头等用具，就想把弯曲的木头弄直，把直木掰弯。所以治理国家的人不应该等着百姓自己变得良善，做车轮的木匠也不应该等木头自然弯曲。从前，应少、伯正等人击溃梁国、楚国的军队，昆卢、徐谷等人扰乱齐国、赵国，关外和关内的暴徒，聚众守住险地。在那时，不使用刑罚，不用武力折服他们，只是设置礼节，修文治，这和无能的医生差不多，只想拿着短针治疗毒疮，这就和孔子用礼义去劝说盗跖差不多。"

文学曰："残材木以成室屋者，非良匠也。残贼民人而欲治者，非良吏也。

故公输子因木之宜，圣人不费①民之性。是以斧斤简用，刑罚不任，政立而化成。扁鹊攻于凑理，绝邪气，故痈疽不得成形。圣人从事于未然，故乱原无由生。是以砭石②藏而不施，法令设而不用。断已然，凿已发者，凡人也。治未形，睹未萌者，君子也。"

【注释】

① 费：通"拂"，反对，违反。

② 砭（biān）石：古代治病用的石针。

【译文】

文学说："毁掉木材来建造房屋，这可不是好木匠。残害百姓来实现治理，这也不是好官员。所以鲁班使用合适的木材，圣人不违背民众的天性。因此能工巧匠少用斧子，好官不用重刑，政教树立则教化自成。扁鹊治疗经络腠理的疾病，切断导致生病的邪气，所以毒疮不再形成。圣人在事情没发生前就开始防范，所以动乱的根源无从产生。因此治病用的砭石被藏起来用不上，法令设定好却用不上。诊断出已经明显的病情，处理已经发生的事情，这都只是凡人。治好尚未形成的疾病，看到未发生的事情，这才是君子啊。"

【论辩剖析】

大夫以法治国的理论依据是当时民风不如上古时淳朴，不用重刑难以遏制住犯罪，只讲仁、义、礼难以治理国家。文学则表示正是朝廷下发的一系列过度刑罚的条文导致民众不再淳朴，而且如果朝廷不与百姓争利，哪来那么多人心怀邪恶？大夫再次表示，从当时的民风出发，只讲仁义而不讲法治和孔子劝说盗跖差不多，注定无果而终。文学则坚持君子就该把事情控制在无法处理之前，只有仁德才能达到"预防"的效果。

高山仰止，岂容诋毁？

大夫曰："文学所称圣知者，孔子也，治鲁不遂，见逐于齐，不用于卫，遇围于匡，困于陈、蔡。夫知时不用犹说，强也；知困而不能已，贪也；不知见欺①而往，愚也；困辱不能死，耻也。若此四者②，庸民之所不为也，而况君子乎！商君以景监见，应侯以王稽进。故士因士，女因媒。至其亲显，非媒士之力。孔子不以因进见而能往者，非贤士才女也。"

【注释】

① 见欺：被欺骗。

② 四者：这里指强、贪、愚、耻。

历史回眸：孔子行迹

治鲁不遂：鲁国郊祭，不赠送祭肉给大夫。孔子觉得此举失礼，愤而离开鲁国。

见逐于齐：齐景公想将尼谿这个地方的田地封给孔子，丞相晏婴劝阻。后来晏婴排挤孔子，孔子离开齐国。

不用于卫：孔子周游列国十四年，多次到卫国，都未被重用。

遇围于匡：鲁国叛臣阳虎曾在匡国作乱，孔子路过匡地，被匡人误以为是阳虎而围攻。

困于陈蔡：孔子居陈国期间，遇到吴国进攻陈国，楚国派兵支援，邀请孔子来楚。陈、蔡两国人担心孔子为楚国所用，发兵围困孔子。

【译文】

大夫说："文学赞美的圣人、智者，就是孔子啊。孔子治理鲁国不成功，又被齐国放逐，卫国始终不重用他，在匡国被团团围困，被人围堵在陈、蔡野地。孔子明知自己的学说不被当时的人看重却依然游说，这是固执的表现；知道自己深陷困境却不肯罢休，这是贪婪的表现；不知道自己会被骗却前往赴约，这是愚蠢的表现；被围困、被侮辱却不能以死明志，这是耻辱的表现。像顽固、贪婪、愚蠢、耻辱这四样，普通百姓都不会做，更何况是君子呢？商鞅在景监的引荐下才得以面见秦孝公，应侯范雎借助王稽的帮助才上进。所以士人要依靠士人的帮助，女子需要借助媒人介绍。至于之后能不能得到赏识而显贵，那就不是媒人和士人的事情了。孔子不借助他人的引荐就自己去面见诸侯，这种行为不是贤士、才女该做的。"

文学曰："孔子生于乱世，思尧、舜之道，东西南北，灼头濡足[①]，庶几世主之悟。悠悠者皆是，君闇[②]，大夫妒，孰合有媒？是以嫫母饰姿而矜夸，西子彷徨而无家。非不知穷厄而不见用，悼痛天下之祸，犹慈母之伏死子也，知其不可如何，然恶已。故适齐，景公欺之，适卫，灵公围，阳虎谤之，桓魋[③]害之。夫欺害圣人者，愚惑也；伤毁圣人者，狂狡也。狡惑之人，非人也。夫何耻之有！孟子曰：'观近臣者以所为主，观远臣者以其所主。'使圣人伪容苟合，不论行择友，则何以为孔子也！"

【注释】

①灼头濡（rú）足：烧到头发，濡湿脚掌。

②闇（àn）：同"暗"，昏聩。

③桓魋（tuí）：宋国的司马，他曾试图谋杀孔子。

历史回眸：孔子与阳虎

阳虎是春秋时期鲁国季氏家臣，出身低微却精明强干、野心勃勃，是"布衣"从政的典范。阳虎一度掌握鲁国实权，但当时鲁国被三桓把持，世家大族对正欲大展拳脚的阳虎构成牵制，阳虎干脆计划除去三桓，可惜最终失败。流亡的阳虎一路上遇险不断，但凭借自己的机智次次脱险。阳虎最终逃亡到晋国，赵简子力图寻求能人异士让赵国兴盛，对桀骜不驯的阳虎极为欣赏，便留下了他。

阳虎与孔子容貌相像，个性迥然。孔子年轻时声名不显，在宴会上被得志的阳虎侮辱。到了中年，孔子已经具备很高的社会声望，而身居高位却被三桓牵制的阳虎招揽孔子做官，给自己装点门面。阳虎在与三桓夺权中失败逃亡，逃亡途中祸害匡国百姓，导致后来孔子被匡人围攻。

整体上，阳虎不失为一代枭雄，从家臣到鲁国公卿，最后助力赵简子在晋国成就一番改革大业。

　　文学说:"孔子出生在乱世,向往尧、舜的君主之道,在天下东西南北,头顶烈日、脚踏污水四处奔走,渴望诸侯能够醒悟。天下的普遍状况是,君主昏庸,大夫善妒,谁又能为孔子引荐呢?所以丑女嫫母靠穿衣打扮来自矜自夸,美女西施到处彷徨,无处可去。孔子并非不知道自身的困境而不被各诸侯重用,只是他为天下的祸乱悲伤,这就像慈爱的母亲伏在她死去的儿子身上一样,他知道不会有所改变,但他怎么忍心停止去积极救世呢?所以他到齐国,齐景公欺骗他;到卫国,又被卫灵公派人围困;阳虎诽谤他,桓魋威胁他。那些蒙骗、加害圣人的人,才是愚昧困惑的;那些伤害、诋毁圣人的人,才是疯癫奸诈的。这些奸诈疑惑的人,都不算真正的人。他们哪里来的羞耻感啊!孟子说:'考察君主身边的近臣,就要多观察他所款待的客人,考察君主的远臣,就要多观察他所寄居的主人。'假如圣人伪装自己的容颜与乌合之众同流合污,不看对方德行就交朋友,那这样还怎能成为孔子呢!"

　　大夫抚①然内惭,四据而不言。

　　当此之时,顺风承意之士如编,口张而不歙②,舌举而不下,暗然而怀重负而见责。

　　大夫曰:"诺,胶车倏逢雨③,请与诸生解。"

　　①抚:通"怃",形容失望的神情。

　　②歙(xī):通"噏",合上。

　　③胶车倏(shū)逢雨:古人的车子用胶粘合,遇水会裂开。这是古代的歇后语,意为四散。倏,突然。

大夫很失望，心里惭愧，四肢僵硬而不再言语。

在那时，见风使舵、阿谀奉承之徒像编成一排似的，嘴巴大张而合不上，舌头抬起而放不下，神色黯然，就像承担重责却被当面训斥一样。

大夫说："好了，胶车突然逢雨裂开，请各位儒生散场吧。"

【论辩剖析】

　　大夫见儒生据理力争，有些生气，把矛头指向儒家圣人孔子。他们批评孔子游历列国时屡屡被人拒绝，期间更是表现出顽固、贪婪、愚蠢和耻辱的非君子品格，讥讽孔子行为不端、思想过时，言辞中透露出对当朝儒生的贬低。文学当然会竭力维护孔子，表示孔子早就知道在礼崩乐坏的春秋各国，没有施展才华的机遇。文学还说孔子身为圣人，不忍心天下百姓困苦，才尽力奔波救助。至于那些伤害、侮辱孔子的人才是满腹奸诈，应该自惭形秽，这话也是在斥责当朝大夫。双方在这样激烈的互相攻击后身心俱疲，草草结束会议。

疏

　　本章记叙盐铁会议最后一场辩论,大夫、文学就"以法治国"还是"以礼治国"的话题展开最后的探讨。

　　大夫话里有话,言辞间奚落文学阵营。文学绵里藏针,回复间暗讽大夫的观点。双方先是讨论,是百姓不比上古时期淳朴导致犯罪率上升,朝廷不得不用严刑峻法克制人性邪恶,还是朝廷制定的盐铁官营、垄断资源、随意刑罚,破坏了百姓的良善?事实上,汉武帝时期,出于种种原因,刑罚较"休养生息"的文帝、景帝时期确实繁重许多,甚至有鼓励百姓互相揭发这样的内容,导致百姓人人自危。不过文学认为废除法令百姓就能回归淳朴,也过于理想化。

　　大夫在治理国家应该采用什么样的方式上,颇瞧不上文学的意见,认为儒生迂腐的大夫甚至将攻击点转移到儒家圣人孔子身上,罗列孔子在春秋不得重用、屡遭排挤的例子,给其扣上顽固、贪婪、愚蠢、耻辱等大帽子。这样的指责,实际上是在嘲讽和自己对话的文学也是思想老套、不切实际的顽固迂腐之人。我们自然能想象得到文学此刻的愤怒。他们马上指出孔子从不虚伪,他明知自己处境艰难,依然积极救助乱世,帮助百姓,那些为难他的才是真小人!果然,此话一出,大夫陷入沉默,大家都安静下来。

　　大夫随即表示赶上大雨,马车有裂开的危险,要求双方停止讨论,就此散会,结束了这场大辩论。本次辩论,文学发挥出色,极具辩才,大夫也是左右周旋。虽然意见相左,自成一派,但双方都是站在不同角度上为国献策。

智者赞其虑，仁者明其施

杂论

论题解读：

　　本篇《杂论》是全书结尾，作者桓宽化身为"客"，对辩论双方进行评价。从内容可知，桓宽本人的观点偏向文学、贤良。所以他对辩论中儒生博学多才、敢于直言的形象大加赞赏。对大夫桑弘羊则是肯定其才学，但批评其思想。整体而言，桓宽对辩论双方的观点进行了高度概括，留下了《盐铁论》这部传世经典。

儒法千秋功过，谁人曾与详说？

　　客[1]曰："余睹盐铁之义[2]，观乎公卿、文学、贤良之论，意指殊路，各有所出，或上[3]仁义，或务权利。

【注释】

　　① 客：这里指本书作者桓宽。

　　② 义：通"议"，议论、争论。

③ 上：同"尚"，推崇。

客人（桓宽）说："我亲自查看了盐铁会议的争辩记录，仔细考量公卿、文学、贤良等人的说法，辩论双方想法、思路迥异，各有各的思想源头，有的人推崇大义，有的人追求权势财利。

"异哉吾所闻。周、秦粲然，皆有天下而南面①焉，然安危长久殊世。始汝南朱子伯为予言：当此之时，豪俊并进，四方辐凑②。贤良茂陵唐生、文学鲁国万生之伦，六十余人，咸聚阙庭，舒六艺之风，论太平之原③。智者赞其虑，仁者明其施，勇者见其断，辩者陈其词。訚訚④焉，侃侃焉，虽未能详备，斯可略观矣。然蔽于云雾，终废而不行，悲夫！公卿知任武可以辟地，而不知广德可以附远；知权利可以广用，而不知稼穑可以富国也。近者亲附，远者说⑤德，则何为而不成，何求而不得？不出于斯路，而务畜利长威，岂不谬哉！"

【注释】

① 南面：古人讲"面南而王"，这里代指古代君主。

② 辐凑：车辐条集中在轴心，形容人心齐聚。

③ 原：同"源"，起源。

④ 訚訚（yín）：正直而恭敬的样子。

⑤ 说：同"悦"，欣赏，喜欢。

"四书五经六艺"被誉为儒家思想的核心载体。"四书"指《大学》《中庸》《论语》《孟子》。"五经"指《诗经》《尚书》《礼记》《周易》《春秋》，其实本应该有六经，但是在秦末战火中《乐经》失传。"六艺"的说法有两种，通常是指中国古代儒家要求掌握的礼（礼节）、乐（音乐）、射（骑射）、御（驾车）、书（书写）、数（算术）六种基本才能，还有一种说法将"六艺"解释为"六经"，即《诗经》《尚书》《礼记》《周易》《春秋》《乐经》。

【译文】

"我所知晓的则与此不同。周朝与秦朝就是最鲜明的案例，这两家都坐拥天下百姓且面南称王，但周秦二朝的命运与维持时间却大不相同。当时汝南的朱子伯曾告知我：朝廷要举办盐铁会议展开讨论，各地豪杰纷纷前去，四方人才都要汇聚。贤良队伍中有茂陵唐等人，文学队伍中有鲁国万等人，统共六十多人齐聚朝堂，他们要推行《诗》《书》《礼》《乐》《易》《春秋》六经的教化，讨论治理天下太平的根本。有智慧的人能积极献策，有仁德的人能指明如何施行，有勇气的人明辨是非，会辩论的人慷慨激昂。有人说话时身形笔直、严肃恭敬，有人讲话的时候态度温和、谆谆教诲，即使他们无法展现全部儒生的风度，但也体现出大概了。但是朝堂被烟雾笼罩，儒生的良言被丢弃不用，真让人深感悲哀！朝廷公卿只知道凭借武力优势开疆拓土，却不知道广施恩德同样会让异族亲近归顺；只晓得权力和钱财能广开国家财用，却不知道致力农耕也能富国。假如能够使得远方百姓归顺，使得其他民族也喜欢仁德，那我们做什么成功不了，追求什么拿不到呢？可惜公卿不认可这条道路，不按照这个思路施政，却重视积蓄更多的财富，大肆炫耀军威，这怎能不叫人感慨荒谬啊？"

"中山刘子雍言王道，矫当世，复诸①正，务在乎反本。直而不徼②，切而不鎈③，斌斌然斯可谓弘博君子矣。九江祝生奋由路之意，推史鱼之节，发愤懑，刺讥公卿，介然直而不挠，可谓不畏强御矣。桑大夫据当世，合时变，推道术，尚权利，辟略小辩，虽非正法，然巨儒宿学恧然④，不能自解，可谓博物通士矣。然摄卿相之位，不引准绳，以道化下，放⑤于利末，不师始古。《易》曰：'焚如弃如。'处非其位，行非其道，果陨其性，以及厥宗。车丞相即周、吕之列，当轴处中，括囊不言，容身而去，彼哉！彼哉！若夫群丞相御史，不能正议，以辅宰相，成同类，长同行，阿意苟合，以说其上，斗筲之人⑥，道谀之徒，何足算哉！"

【注释】

① 诸：兼词，之于。

② 徼（jiǎo）：抄袭。

③ 鎈（suǒ）：空洞。

④ 恧（nù）然：很不自在，很惭愧。

⑤ 放（fàng）：顺从。

⑥ 斗筲（shāo）之人：气量极小的人。

历史回眸：《周易》卦象

　　焚如弃如：指有人不走正道，最终被抛弃。

　　处非其位：指有人德不配位。这里是讽刺桑弘羊。

　　行非其道：指有人不行正道。这里还是讽刺桑弘羊。

果陨其性：指的是有人心思不正，行为不端，最终性命难保。桑弘羊与霍光争权结怨，桑弘羊曾组织朝臣弹劾霍光，但汉昭帝反而更加信任霍光。元凤元年（公元前80年），燕王刘旦和上官桀筹划政变，欲在设宴时杀死霍光，立燕王刘旦，然而阴谋败露，桑弘羊受牵连被灭族。

【译文】

　　"中山郡县的儒生刘子雍宣扬王道，力图矫正时局的不当之处，期待回归正确的道路上，力求国家政策回归王道正途。他的辩论风格正直却不完全沿袭前人，务实而不空泛，他文质彬彬，可以称得上是一位博学君子。九江郡县的祝先生展现了如子路般的勇敢无畏，延续了史鱼的高尚气节，表达了自己满心的愤慨，大胆讽刺公卿的不足之处，他正直不屈，不畏强权。大夫桑弘羊凭着自己身居高位，迎合时局，大力推行法家的道、术，崇尚权力与财富，自己开辟小辩之术，即使这不是仁义正道，但他能用言辞让诸位儒生面露羞愧，无法摆脱惭愧窘境，他也能被称为博学广识的人。可惜他高居相位，却不能引领百官走正道，采用仁政去教化天下百姓，只追逐末利，不向古代贤人学习。《周易》中的爻辞有言：'向上燃烧，会被正道舍弃。'桑大夫正如九四爻所表明的，处在被所有人背弃的位置上，他的行为不符合王道，最终导致自己身亡，殃及宗族覆灭。车千秋丞相有着等同于周公、吕望的崇高地位，就像车轴般位于朝堂的中心位置，但他闭口不谈政局，只求保全自己。那个人啊！那个人啊！这群御史大夫，不说正确的话辅佐丞相，只顾互相成全，助力同僚，曲意逢迎，串通一气，借此来讨上位者的欢心，如此气量狭小之人、阿谀奉承之徒，哪里值得把他们算上呢？"

〔论辩剖析〕

　　作为文学、贤良的同道中人，桓宽先是将文学的思想定性为"求义"，将大夫的思想定性为"求利"。其中褒贬自然分明。然后，桓宽对文学为民请命的行为大加赞赏，甚至对其中的个别人单独表扬。他对大夫则多有批评，对桑弘羊，起码肯定了他的博学能辩，但对其他御史大夫则是直接斥责，甚至还讽刺了丞相车千秋只求自保的畏缩姿态。

疏

　　《盐铁论》是桓宽根据汉昭帝时期盐铁会议的记载完成的政论性散文集。文笔流畅，思想深刻，生动地再现了双方辩论时互不相让、针锋相对的场景。全书揭示双方思想上的巨大差别，展现出汉昭帝时期社会不同阶层的利益诉求。《盐铁论》作为我国历史上第一部结构严整、体例统一的政论专著，文学、历史学价值极高，值得后人反复品读。

　　在全书结尾章节，桓宽以"客"的视角，对辩论双方的观点进行概括，并对不同阵营的人进行评价。在古代，"客曰"是作者常用的表达自己的观点和看法的方式，甚至虚构一位"客"来作为对话角色或者故事角色来推动文章的发展。不过，桓宽并没有采用"客曰"里通常的那种中庸或者客观评价的态度，在杂论中带上了强烈的个人观点和看法。

　　虽然桓宽在汉代声名不显，生平不详，但据《汉书·公孙刘田王杨蔡陈郑传》的《赞》中附录中记载，他在汉宣帝时由研究《春秋》起家，可见他亦是儒生出身，自然支持文学、贤良的观点。所以他将大夫的思想归结于谋求利益，将文学、贤良的观点归结于谋求大义，还夸奖了刘子雍等在辩论中表现突出的儒生。

　　在他的杂论概括中，盐铁会议的核心是"王霸之争、义利之辩"。出于自身立场，他为文学的主张不得施行而鸣不平，感叹"然蔽于云雾，终废而不行，悲夫！"桓宽以周秦均一统天下，但周祚长久而秦世短命举例，鲜明地阐述了自己的态度。